汉语作为第二语言的
语调教学实验研究

李亚男◎著

图书在版编目（CIP）数据

汉语作为第二语言的语调教学实验研究 / 李亚男著
. — 北京：中国商务出版社，2022.10
ISBN 978-7-5103-4478-7

Ⅰ.①汉… Ⅱ.①李… Ⅲ.①汉语－对外汉语教学－教学研究 Ⅳ.①H195.3

中国版本图书馆CIP数据核字(2022)第184129号

汉语作为第二语言的语调教学实验研究
HANYU ZUOWEI DIER YUYAN DE YUDIAO JIAOXUE SHIYAN YANJIU

李亚男　著

出　　版	中国商务出版社
地　　址	北京市东城区安外东后巷28号　邮　编：100710
责任部门	教育事业部（010-64283818）
责任编辑	刘姝辰
直销客服	010-64283818
总 发 行	中国商务出版社发行部　(010-64208388　64515150)
网购零售	中国商务出版社淘宝店　(010-64286917)
网　　址	http://www.cctpress.com
网　　店	https://shop162373850.taobao.com
邮　　箱	347675974@qq.com
印　　刷	三河市金兆印刷装订有限公司
开　　本	787毫米×1092毫米　1/16
印　　张	6.25	字　数：134千字
版　　次	2023年7月第1版	印　次：2024年7月第2次印刷
书　　号	ISBN 978-7-5103-4478-7
定　　价	52.00元

凡所购本版图书如有印装质量问题，请与本社印制部联系（电话：010-64248236）

版权所有　盗版必究　（盗版侵权举报可发邮件到本社邮箱：cctp@cctpress.com）

前　言

每一种语言都有自己的语调，语调在语言研究中占有重要地位。汉语是有声调语言，汉语语调表现出一定的特殊性。汉语语调是建立在汉语声调基础上的，它的表现跟句法和语义层面密不可分。大多数汉语学习者虽然能很好地掌握单字调，但是在连读语句中就立刻显露出"洋腔洋调"，即便是汉语水平到了高级阶段也不例外。汉语语调教学是汉语作为第二语言教学中公认的难点，也是造成"洋腔洋调"的重要原因之一。

本书第一章整理了前人对声调、连读变调、语调的研究，介绍了语调格局实验的计算方法和定量表现，指出汉语作为第二语言的语调教学的特殊性及重要性；第二章和第三章基

于"语调格局"的思路，对越南学习者汉语陈述句和汉语疑问句的语调进行实验研究，首先从音高角度，对越南学习者汉语陈述句和疑问句全句调域、分调域、字音调域与汉语母

语者进行对比，探讨声调对越南学习者汉语语调负担量的影响，进行"起伏度"对比，分析越南语语调对学习者学习汉语陈述句和疑问句语调的影响。其次，以"停延率"为工具，从时长的角度考察越南学习者汉语陈述句和疑问句相对字长和词长在不同层级韵律边界上的表现。第四章和第五章从音高、时长两个方面分析汉语学习者汉语语调（包括陈述句和无标记疑问句）的特点，并与前人、师长和同门的实验数据做分析对比，对比不同国别汉语学习者汉语语调的偏误和特点。第六章分析学习者汉语语调产生偏误的主要原因，包括母语的影响、第二语言水平的限制和习得顺序的影响、语音"石化"现象、教师教学策略的影响等几个方面，并有针对性地提出了汉语语调教学的对策。

值书稿付梓之际，笔者真诚地向各位师长、同门表达最诚挚的感谢，感谢中国商务出版社对本书提出的建议与规划，同时也感谢领导、同事及家人的支持与关照。本书受

中央高校基本科研业务费专项资金资助，项目名称：来华留学生汉语语调习得实验研究，项目编号：3132022337。

恩师石锋老师曾说"语言学要建立在客观实证和科学实验的基础上"，本书也正是遵循这一理念，希望能为从事汉语教学工作和研究的同仁提供一些帮助。

作者 李亚男

2022 年 6 月

于心海湖畔

目录

第一章 语调总论　　1

第一节 从声调到语调　　1
一、声调　　1
二、声调格局　　4
三、连读变调　　5
四、语调　　8
五、汉语语调的特殊性　　9

第二节 语调格局的分析方法　　12
一、从语音格局到语调格局　　12
二、语调格局实验的计算方法和定量表现　　14

第三节 汉语作为第二语言的语调教学　　17
一、第一语言与第二语言　　17
二、习得与学习　　17
三、中介语与汉语中介语　　19
四、汉语作为第二语言的语音教学与语调教学　　20

第四节 研究方法及内容　　25
一、研究方法　　25
二、研究内容　　25

第二章 越南留学生汉语语调的实验研究　　28

第一节 越南留学生汉语陈述句的语调格局　　28
一、全句调域（总调域）的对比　　28
二、分调域的对比　　29
三、字音调域的对比　　31
四、声调对语调的负担量　　33
五、起伏度的对比　　35
六、越南语语调对学习汉语陈述句语调的影响　　37

第二节 越南留学生汉语陈述句停延率　　39
一、字停延率的表现　　39
二、词停延率的表现　　45

　　　　三、汉语陈述句停延率偏误分析　　　　　　　　　　　　47
　　第三节　汉语陈述句语调教学的对策　　　　　　　　　　　48
　　第四节　小结　　　　　　　　　　　　　　　　　　　　　50

第三章　越南留学生汉语疑问句语调的实验研究　　　　52

　　第一节　越南留学生汉语疑问句语调格局　　　　　　　　52
　　　　一、全句调域（总调域）的对比　　　　　　　　　　　52
　　　　二、分调域的对比　　　　　　　　　　　　　　　　　53
　　　　三、字音调域的对比　　　　　　　　　　　　　　　　56
　　　　四、起伏度的对比　　　　　　　　　　　　　　　　　57
　　　　五、越南语语调对学习汉语疑问句语调的影响　　　　　61
　　第二节　越南留学生汉语疑问句停延率　　　　　　　　　62
　　　　一、字停延率的表现　　　　　　　　　　　　　　　　62
　　　　二、词停延率的表现　　　　　　　　　　　　　　　　69
　　　　三、疑问句和陈述句停延率对比　　　　　　　　　　　69
　　第三节　汉语疑问句语调教学的对策　　　　　　　　　　71
　　第四节　小结　　　　　　　　　　　　　　　　　　　　72

第四章　美国、韩国、日本、泰国学习者汉语陈述句语调的实验研究　　　74

第五章　各国汉语学习者汉语语调对比　　　　　　　　80

　　第一节　各国汉语学习者汉语陈述句语调对比　　　　　　80
　　　　一、母语为无声调语言的留学生与母语为有声调语言的学习者对比　　81
　　　　二、母语为无声调语言的留学生与汉语母语者对比　　　82
　　　　三、母语为有声调语言的学习者与汉语母语者对比　　　82
　　第二节　各国汉语学习者汉语疑问句语调对比　　　　　　83

第六章　汉语作为第二语言的语调教学　　　　　　　　85

　　第一节　偏误的产生与分析　　　　　　　　　　　　　　85
　　　　一、母语的影响　　　　　　　　　　　　　　　　　　85
　　　　二、第二语言水平的限制和习得顺序的影响　　　　　　89
　　　　三、语音"石化"现象　　　　　　　　　　　　　　　90
　　　　四、教师教学策略的影响　　　　　　　　　　　　　　90
　　第二节　教学对策　　　　　　　　　　　　　　　　　　91
　　第三节　不足与展望　　　　　　　　　　　　　　　　　93

第一章 语调总论

第一节 从声调到语调

一、声调

何谓声调？赵元任先生曾这样论述："通常所谓四声，不限于四个，我曾杜撰一个名词叫它声调，就代表利用嗓音的高低来辨别字的异同的音位。任何语言里有这种用嗓音高低的音位来辨别字的异同，就叫作声调。"（赵元任，1969）

派克（K.Pike）曾将声调语言定义为"在每个音节都具有词汇意义的彼此对立的相对音高"。（派克，1946）

斯楼特（C.Sloat）是这样定义声调和声调语言的："在有些语言中音高起着不同的作用。相同的音段序列如果要带上不同的相对音高，就会表示不同的意思。用于这种方式的音高变化叫作声调。以这种方式利用音高的语言就叫作声调语言。"（斯楼特，1978）

美洲部分印第安语，非洲大多数班图语言，亚洲汉藏系语言和相邻的某些东南亚语言，都是声调语言。

汉语是一种声调语言，事实上，全世界70%的语言为声调语言，声调研究更是已经在语言学研究领域中逐渐形成一门专门的学问，即声调学。

对于声调的起源，历来存在各种各样的假说，郭锦桴在《汉语声调语调阐要与探索》一书中较为全面地论述了一些有名的假说，如松紧元音说、声母决定说、韵尾决定说、长短元音与韵尾共同决定说等。（郭锦桴，1993）

关于声调起源的看法不一，江荻（1998）在《论声调的起源和声调的发生机制》[①] 一

[①] 江荻：《论声调的起源和声调的发生机制》，载《民族语文》1998年第5期，第11-23页。

文中在探讨了声调的起源及声调发生机制的基础上，从嗓音发声角度，提出自主与不自主调控型嗓音机制理论，其核心是嗓音发声特征的变迁是声调起源的根本原因和内在因素，而成系统的音段或特征变化则是促成声调产生的必要外因条件。对产生言语的主体（人）来说，嗓音发声型特征或音素是不能自主调控的，与之相对的调音型特征或音素则能自主调控。这种机制形成二元对立要素（清与浊、松与紧等）构成音高上成系统的差别，并通过不同的音段音素或音段特征表征出来。一旦这种对立的表征要素在语言演化中消失，人们仍然会感觉原对立项的差别，原因是原对立项已形成的音高和音高变化的差别承担了对立区别的作用。江荻认为，这就是声调的产生和起源。

石锋[1]综合声调的各种论述，归纳出三点：一是声调的作用是区别词义；二是声调由音节为单位的音高变化构成；三是不同的声调的音高变化是相对的，并且是相互对立的。石锋同时指出，声调的物理表现是音高和时间的函数关系曲线。声调是以两个方面为依据的，一是音高，二是时间，其中音高又分为调型和调层两个成分，声调在时间方面表现为调长，因此，调型、调层和调长构成了声调的三要素。调值由声调实际发音的听感记录而来，由调型、调层和调长三者构成。而调类是一种历史范畴，指的是声调的历史分类，具有历史比较的意义。[2]调值对于调类就如同音值对于音类，具有相同的对应关系。调值在具体的语言中可以成为调位的记录。调位是在具体语言中具有区别作用的调值。调位和调值的描写和记录可以用五度值，也可以用声调的音系特征。

何谓五度值呢？赵元任（1930）在《一套标调的字母》一文中提出了五度值的标调法，对于具体方法，他做了如下说明：

把竖线全长分为四等分，这样就得到五点，依次为1、2、3、4、5，分别表示低、半低、中、半高、高。为了不使区别过细，双数的2度和4度除了单独使用和相互配合使用之外，不跟单数的1度、3度和5度相配。根据这样的制约，我提出的标调字母如下所列：

---

[1] 石锋：《实验音系学探索》，北京大学出版社2009年版，第48页。
[2] 邢公畹：《语言论集》，商务印书馆1983年版。

直调		折调		短调	
标调字母	名称	标调字母	名称	标调字母	名称
˩	11:	˧˩˧	131:	˩	1:
˩˧	13:	˩˥˧	153:	˨	2:
˩˥	15:	˨˦˨	242:	˧	3:
˨	22:	˧˩˧	313:	˦	4:
˨˦	24:	˧˩˥	315:	˥	5:
˧˩	31:	˧˥˩	351:		
˧	33:	˧˥˧	353:		
˧˥	35:	˦˨˦	424:		
˦˨	42:	˥˩˧	513:		
˦	44:	˥˧˥	535:		
˥˩	51:				
˥˧	53:				
˥	55:				

王士元^①等认为五度值本身是一种抽象的描写，是通过人的耳朵得出的对实际音高间接的带有相当模糊性的描写。五度值记调的方法从根本上来说也不是对客观的物理量的描写，而是一种心理印象的记录，多少带有印象派的痕迹。

朱光潜^②认为，五度值作为标示声调的符号与包括国际音标在内的各种符号一样，都是实际语音通过听觉得到的心理印象的记录，并指出："凡是人心中想象出来的符号，不管在多大程度上是自然的类比或相似物，多少都带有省略、抽象和约定俗成的性质。"五度值标调法之所以具有相对性，主要体现在以下三方面：一是本身所表现的相对性；二是说话人方面的不同背景；三是记录人方面的差异。

目前，对于五度值标调法有学者认为不够精密，如果要做比较精确的描写或做横向的比较，五度是不够用的，可采用九度制。^③赵元任（1930）认为把调高定为五度，分析汉藏语的声调就够用了。声调描写的方法并不唯一，可以根据研究目的合理选用适当的计算方法。

罗常培在《汉语音韵学导论》^④一书中记载了白涤洲（1934）制作的北京语音"四声

---

① 王士元，沈忠伟：《方法、理论与方言研究——语言研究的客观性和合理性》，第一届粤方言会议报告论文，（1987）香港。
② 朱光潜：《思想就是使用语音》，载《哲学研究》1989 年第 1 期，第 27-33 页。
③ 郑骋雄：《现代汉语声调类型的九度分析》，载《语文研究》1988 年第 1 期，35-37 页。
④ 罗常培：《汉语音韵学导论》，中华书局 1956 年版。

示意图"。白涤洲采用刘复《四声实验录》①方法，给北京字调做了比较精细的测量和分析。他把北京话阴、阳、上、去四声，每类各选 5 个字在浪纹计上说出，再用刘复的声调推断尺测算，这种方法是先把实验测算得到的音高频率值折算为"半音"值，再由"半音"值来划分五度。廖荣蓉②在苏州话声调实验中，没有使用"半音"转换，而是把测算的音高基频数据通过统计得到平均值，然后换算成百分比，再得出五度值。石锋③在天津话声调实验中也采用了此种方法，把声调曲线的起点、中点和终点的平均频率都换算为对数标度，然后根据发音人的调域进行归一化整理，得到五度制的数值，具体 T 值的转换公式为：

$$T=【(\lg x-\lg b)\div(\lg a-\lg b)】\times 5$$

式（1）

其中，a 为调域上限频率，b 为调域下限频率，x 为测量点频率，所得到的 T 值就是 x 点的五度参考标度。

沈炯④（1985）在北京话声调的调域和语调的研究中，使用了一种描写音高对数标度的 D 值：

$$D=5\times \lg 2 \frac{F}{F0}$$

式（2）

石锋（1990）⑤认为，T 值与 D 值具有相似之处，"可以说 T 值是 D 值的一种具体情况，D 值是 T 值的普遍化，T 值和 D 值都是从五度值记调法脱胎出来的"。

石锋（2009）⑥指出，运用五度值来标示声调既可以简化我们对声调系统的分析和归纳，又可以避免在利用材料时陷入混乱。

二、声调格局

何谓声调格局？一种语言（或方言）中的全部单字调构成一个声调格局。不同语言（或方言）的声调格局因声调的数目、声调的调型以及它们的分布关系而各不相同。这反映出这种语言（或方言）的个性特征。（石锋，2009）⑦。

声调音高频率数据和五度值之间的关系可以采用 T 值公式换算。

---

① 刘复：《四声实验录》，上海群益书社 1924 年版。
② 廖荣蓉：《苏州话单字调双字调的实验研究》，载《语言研究》1983 年第 2 期，第 1-83 页。
③ 石锋：《天津方言双字组声调分析》，载《语言研究》1986 年第 1 期，第 77-90 页。
④ 沈炯：《北京话声调的音域和语调》，《北京语音实录》，北京大学出版社 1985 年版，第 73-130 页。
⑤ 石锋：《论五度值记调法》，载《天津师范大学报》1990 年第三期，第 67-72 页。
⑥ 石锋：《实验音系学探索》，北京大学出版社 2009 年版，第 50 页。
⑦ 石锋：《实验音系学探索》，北京大学出版社 2009 年版，第 55 页

如果单独对某一语言或方言的声调进行分析，可以直接采用赫兹单位的频率数值，简化公式如下：

T=【（x-b）÷（a-b）】×5

前文提到，声调的物理表现是音高和时间的函数关系曲线。声调是以两个方面为依据的，一是音高，二是时间，其中音高又分为调型和调层两个成分，声调在时间方面表现为调长，因此，调型、调层和调长构成了声调的三要素。音高要在时间中存在，并在时间中变化。调长是我们研究声调时很重要的问题。林茂灿（1965）[①]用音高显示器测量汉语普通话的声调时去掉了弯头和调尾，而保留调型段。运用此种方法，仅可凭经验进行去调头和调尾，存留下调型段，主观性较强，不同研究者的实验研究可能存在较大的差异。石锋（1987）[②]在测算天津话的声调长度时，仅把韵母的长度确定为调长。因为一条声调曲线划分为调头、调干、调尾三部分。调头跟声母对应，属弯头部分。调干和调尾跟韵母对应，属调型段。调型段的起点应从声韵母的结合处开始计算。

石锋（2009）[③]通过对52位北京人的语音材料进行统计分析，考察了北京话单字音声调的统计特性。声调分析全部采用归一化的T值计算，T值公式上文已经提到过，再使用SPSS软件进行统计，做出统计图表。

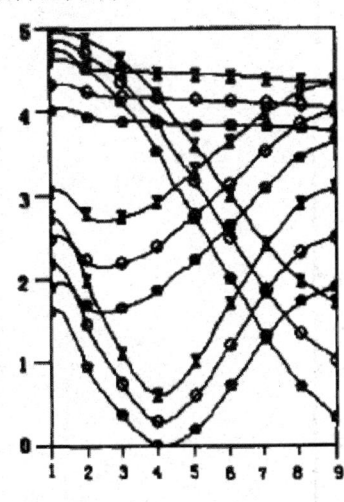

图1 北京话四个声调的主体分布图

三、连读变调

何谓连读变调？连读变调是语流变调的一种，指在声调语言的语流中，连读在一起

[①] 林茂灿：《音高显示器与普通话声调的音高特性》，《声学学报》第2卷第1期。
[②] 石锋：《天津方言单字调实验分析》，《语言研究论丛》第4辑。
[③] 石锋：《北京话单字音声调的统计分析》，《中国语文》2006年第1期，总第310期，第33-40页。

的声调其调值发生不同于其本来形式的变化。① 简单说，就是在语流中，各个字的声调跟本身的字调不同，就是连读变调。

熊正辉（1984）② 在《怎样求出两字组的连读变调规律》一文中，对单字组、两字组、三字组、多字组、独用调、虚独用调、单字调、连续变调（简称变调）、本调、连调调式（简称为调式）、从单字调到连调的对应、从连调到单字调的对应等的概念进行了定义。

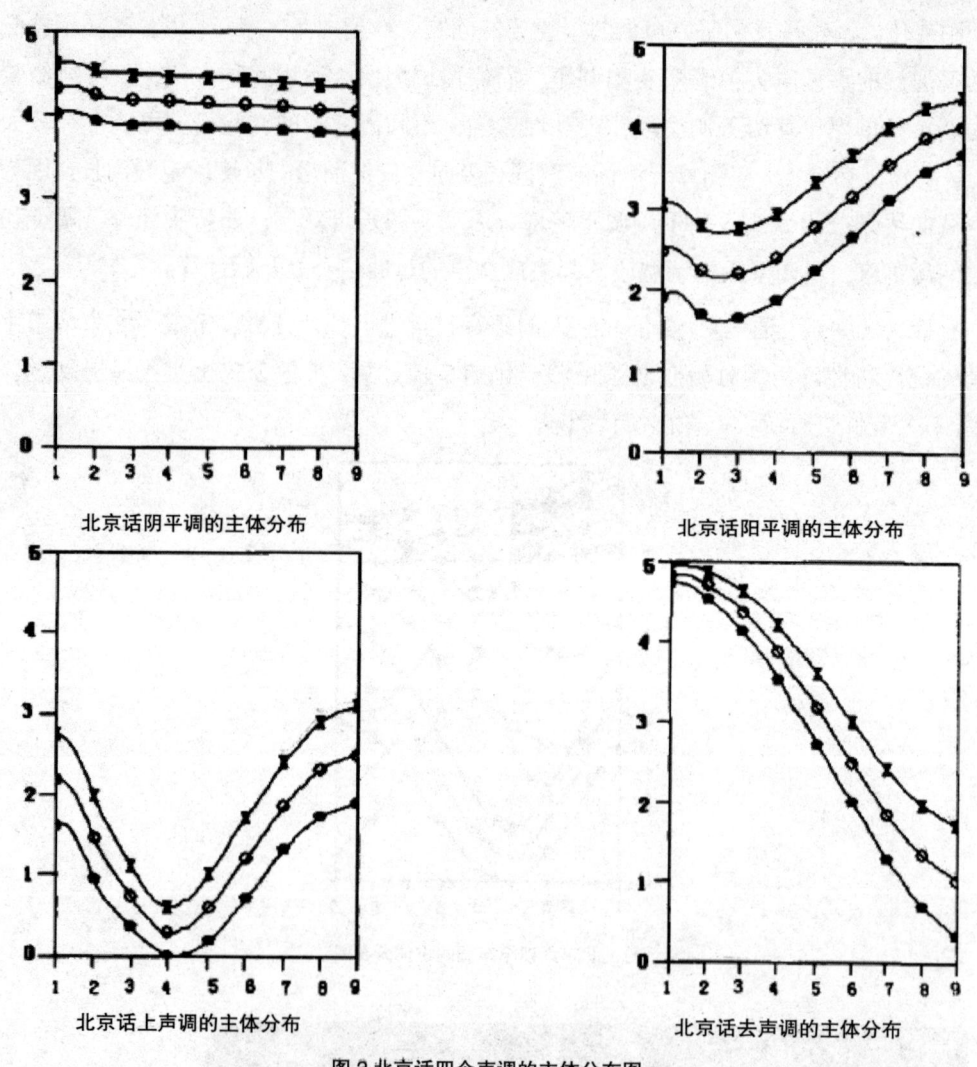

图2 北京话四个声调的主体分布图

陈忠敏（1993）③ 认为，连读变调既在一定程度上反映古声调的面目，如有些古调类在单字调中合并消失却能在连读变调里反映出差别，但又不尽然。连读变调与语法

---

① 焦利为，冉启斌，石锋：《二十世纪的中国语音学》，书海出版社2004年5月第1版，第282页。
② 熊正辉：《怎样求出两字组的连读变调规律》，《方言》，1984年第2期，102-108页。
③ 陈忠敏：《汉语方言连读变调研究综述》，载《语文研究》1993（2）63-65页；1993（3）55-60页，21页。

结构存在着一定关系。在语流中，每两个停顿之间的语言片段就是一个语音词，每个语音词都有一个独立的声调。声调是超音段的，一个声调可以覆盖两个或更多音节的语音词。语音词是一个语音学的概念，跟语法学里的单位没有直接关系。从语音形式上来看，大概有以下特点：两头以停顿为界，结合紧密，内部不允许有停顿；音节长度明显缩短；整个语音词共用一个声调轮廓，并有轻重的节律，重轻型语音词的声调轮廓一般是首字调的某种形式的演化，轻重型则首字字末字都对语音词的声调轮廓有影响；字组内部有特定的声母、韵母变化，而这种变化一般不发生在语音词与语音词之间的边界上。

北京话的连读变调相对方言来说较为简单。

双字组的变调规则为：

1. 上声→半上 /__ 非上声（及部分轻声）

2. 上声→阳平 /__ 上声（及部分轻声）

3. 去声→半去 /__ 去声

4. 去声→阳平 /__ 去声

多字组的变调规则为：

1. 三个上声

（1）头一个是单音词，后两个是复音词，第二个上声变阳平。例如"也可以"。

（2）前两个是复音词，后一个是单音词，前两个都读阳平。例如"可以使""老虎嘴"。

（3）三个都是单音词，第二个变阳平。例如"也很好"。

2. 四个上声

（1）四个都是单音词，第一个、第三个上声变阳平。例如"岂有此理"。

（2）前两个是单音词，后两个是复音词，第一个、第三个上声变阳平。例如"你也数数"。

（3）前两个是复音词，后两个是单音词，第一个、第三个上声变阳平。例如"数数也好"。

（4）第一个、第四个是单音词，第二、第三个是复音词，第二个、第三个上声变阳平。例如"也可以使"。

3. 五个上声字以上

（1）五个上声字连读时，可以根据两个上声字和三个上声字连读的方法，以两个上声字为一段，或是以三个上声字为一段，分开了连读。例如"你数数/也好"、"数数/

也很好"。

(2) 六个上声字连读时，有两个上声字的三段的方法和三个上声字的两段的方法。例如"你也/可以/数数"是两个上声字的三段，"你数数/也很好"是三个上声字的两段的方法。

4. "一"的变调

(1) 在阴平、阳平、上声前变去声。例如"一刀两断""一言兴邦""一手遮天"。

(2) 在去声前变阳平。例如"一诺千金"。

(3) "一"和由一到十的不论哪个数目字连读的时候，仍读阴平。例如"一一尽知""略知一二"。

(4) 若是特别注重"一"字数目的时候，仍读阴平。例如"一声、二声"。

(5) "一"字单用或用在句尾、词尾，或者后面跟着别的个位数字的时候念阴平。例如"第一""一二·九"。

5. "不"的变调

"不"的本调是去声，在去声前变阳平，单念或者在其他声调前仍读去声。①

四、语调

每一种语言都有自己的语调，语调在语音研究中占有重要地位。总的来说，语调的定义有广义和狭义之分。广义的语调不仅指句子的音高形式，也包括音强、音长、语速等音素；狭义的语调是指句子的音高变化。Jones (1960)②认为语调是在连贯的言语中出现的声音的音调变化，这种变化是由声带振动发出的乐音音域内的变化。Bolinger (1989)③认为语调是声音的音高变化，在各种超音段成分当中，音高是语调最重要的因素。David Crystal (1972)④认为语调不是单一的音高曲线或者音高等级系统，而是将声音的高低与重音、节奏、速度等韵律要素密切相连的复合体。吴宗济 (1982)⑤认为语调就是频率高低，即音高变化。广义的语调除了跟句子的音高变化有关外，还跟别的超音段特征 (如音长、停顿等) 有关。胡明扬 (1987)⑥指出北京话的句终语调跟音高、音长、音量都有关系。

---

① 焦利为，冉启斌，石锋《二十世纪的中国语音学》，书海出版社 2004 年 5 月第 1 版，第 283-291 页。

② Jones D 1960. An outline of English Phonetics (Ninth Edition) [M]. Cambridge W. Hefer&sons.

③ Bolinger, Dwight L. Intonation and its uses. Stanford: Stanford University Press, 1989.

④ Crystal David. Linguistics. Harmondsworth, Middlesex: Penguin, 1972.

⑤ 吴宗济：《普通话语句中的声调变化》，载《中国语文》1982 年第 6 期，第 439-450 页。

⑥ 胡明扬：《北京话初探》，北京商务印书馆 1987 年版第 146-156 页。

王理嘉、林焘（1992）[1]对语调的性质做了如下论述：

至于何谓语调，他们这样定义：我们说一句话的时候，各个音节在句中的地位并不完全相等，要受到说话时语气的影响，例如，有的音节要读得重一些，有的音节之后要有个小停顿，有的句子音高逐步上升，有的句子音高逐步下降，这些语音变化受说话人所表达的思想和感情态度支配，形成了句子的抑扬顿挫和种种不同的语音变化。并举例：同是"他来了"这样一句简单的话，把重音放在"来"，就包含了说话人急切盼望"他"来的感情；把全句的音高逐步上升，就表达了询问的语气"他来了？"这些变化能够帮助表达说话人的思想和感情态度，由此而产生的全句抑扬顿挫和其他方面的语音变化就是语调。

语调主要由超音质成分，即音高、音强和音长组成。音质成分也能成为语调的组成成分，但不普遍使用。较长的句子中，由长短不等的音节组合，音节多的组合在句子里一般读得较快，音节少的组合一般读得较慢。不带有任何感情色彩的语调称为中性语调，带有感情色彩的语调称为感情语调。各语言的语调类型基本相同，又各有特点。

国内其他一些学者对于语调的定义也大多支持广义说，同样认为语调不仅仅跟句子的音高变化有关，还跟其他一些音素有关。例如罗常培、王均（1957）[2]定义了口气语调，认为跟句子的句型或情感有关的语调叫口气语调。周殿福（1980）[3]认为句调不仅和高低以及长短有关，而且和声音的强弱、快慢、停顿以及这些因素在程度上的变化都有关。

同时，也有一些学者对语调的定义持狭义说。瞿霭堂、劲松（1994）[4]认为，作为语调的韵律特征只能是音高。沈炯（1992）[5]认为，语调有独立就是语句音高形式的范围。

五、汉语语调的特殊性

由于汉语是有声调语言，这使汉语语调表现出一定的特殊性。汉语语调的研究始于赵元任先生[6]，可以说是汉语语调研究的开拓者和奠基者。他认为字调和语调是"代数和"的关系，他用"橡皮带"和"大波浪""小波浪"的比喻来说明字调和语调的关系，这些精彩论述，对汉语语调研究的影响很大。赵元任先生[7]1929年将自己为了研究语调而编写的剧本《最后五分钟》，写成国语罗马字本，并附一篇序言及《北平语调的研究》一文，提出了"中性语调"和"口气语调"的说法。赵先生所说的"中性语调"是"在极平淡极没有特别口气的时候，语句里头的字调，也因为地位的不同而经种种的变化"。

---

[1] 王理嘉，林焘：《语音学教程》，北京大学出版社1992年11月第1版。
[2] 罗常培，王均：《普通语音学纲要》，科学出版社1957年版。
[3] 周殿福：《艺术语言发声基础》，中国社会科学出版社1980年版。
[4] 瞿霭堂，劲松：《北京话的字调和语调》，见：《现代语言学》，语文出版社1994年版。
[5] 沈炯：《汉语语调模型刍议》，载《语文研究》1992年第4期，第16-24页。
[6] 赵元任：《汉语的字调跟语调》，见：吴宗济，赵新那，赵元任：《语言学论文集》，北京商务印书馆2002年版第734-749页。
[7] 赵元任：《北平语调的研究》，《最后五分钟》附录，中华书局1929年版。

他说："耳朵所听见的总语调是那一处地方特别的中性语调加上比较普通一点的口气语调的代数和。"这也是赵元任先生首次提出"代数和"的观点，认为汉语字调和语调是"代数和"的关系。同时，赵元任把音程放大及时间加长跟重音联系起来。字调和语调的叠加方式有两种，一是"并和叠加"，二是"后续叠加"。并合叠加又包括整个音程提高、整个音程降低、调域扩大、调域压缩四种方式。合并叠加和后续叠加就是声调和语调均以超音段成分共时结合。合并叠加有四种方式，后续叠加有上升结尾和下降结尾，这就是"代数和"的具体表现。之后，赵元任（1935）在演讲稿《国语语调》中使用了"橡皮带"的比喻，用于解释语调中音程跟时间的放大和缩小。赵元任语调学的核心可理解为，语调作用于声调和中性语调，产生人们听到的总语调。重音和语气对声调和中性语调的作用，是通过"代数和"和"橡皮带"进行的。

沈炯（1985）[①]继承了赵先生"橡皮带"的说法，认为声调和语调的切分方法不同，声调对音高起直接调节作用，而语调是对音高的二次调节。一般来说，二次调节可以让声调的音高定位和起伏幅度发生改变，但不会影响到声调的音区特征及曲拱特征。但是，如果语调大幅度调节也可能会使声调发生扭曲。沈炯的语音实验证明语调是由一连串声调音域组织起来的音高调节形式，声调是在声调音域中滑动的曲拱。语调对音域的上限和下限分别起到调节作用，是语调的表达手段。上限的调节变化和语义加强相关，下限的调节变化和节奏结构完整性相关。而陈述句、疑问句的升调或降调，是音域宽窄高低的变化。

胡明扬（1987）[②]指出，虽然赵元任关于合并叠加的四种方式的描写很精辟，也符合汉语的实际情况，但赵元任只讲"叠加"，只讲含义不甚明确的"代数和"，讲"升"和"降"，而再少提"抬高"和"压低"，这使得概念含混不清的"叠加"的观点长期流行。胡明扬不同意字调和语调"叠加"和"代数和"的说法，他认为汉语普通话的语调是独立于声调之外的语音现象，字调和语调之间的关系不是"叠加"关系。汉语语调和音高、音长、音量都有关系，语调的音高问题不是"升"或"降"的"音高变化"的问题，而是字调的起点高低问题，也就是说，"高"是整个字调定调定得高，不是叠加一个从低到高的音变过程，也不是要"扬"一下。同样，"低"是整个字调定调定得低，不是叠加一个从高到低的音高变化过程，也不是"抑"一下。另外，胡明扬还谈到了音长、音量、音速等因素对语调的影响。胡明扬根据句末最后一个词汇重音音节的字调起点的高低、音长、强重音的有无这些区别性要素将汉语语调概括为以下八种：陈述、疑问、命令、祈使、惊叹、感叹、呼唤、待续等。若不考虑强重音的等级，不算"待续"和"呼唤"，不区分"命令"和"祈使"，语调可分为陈述、疑问、祈使、感叹等四类。

---

① 沈炯：《北京话声调的音域和语调》。见：林焘，王理嘉：《北京语音实验录》。北京商务印书馆1985年版，第73-130页。
② 胡明扬：《北京话初探》，商务印书馆1987年1月版，《关于北京话的语调问题》，第146-164页。

吴宗济（1981）[①]研究了汉语的多字调变调规律以及字调在语调中的变化规律。吴宗济也认为"字调嵌在语调之中，受语调的制约而变化"这样的论点是靠不住的。他通过声学仪器的实验，证明汉语普通话语句中的一切声调变化，都是以单字调和二字连读变调为基础的。普通话的句调由单字调、二字调（包括轻声）构成，是其基本单元，这些基本单元在语句中虽有所变动，但基本不改变原有调型，它们是句调的基础，而不是句调的附属体。普通话句调与字调的关系，可以用下面的公式来概括：

句调 = { (基本单元←语法制约) ←语态影响} ←说话速度

式（4）

Tseng（1990）[②]通过实验认为：国语语句的下倾作用（declination effect）确实存在，但仅适用于小部分实验句；下倾理论不具有普遍性；呼吸群理论（breath-group theory）对语调的描述而言更有道理；句法和语调之间存在相互作用。后来Tseng等（2005）主张用呼吸群理论来描述语调。

廖荣蓉[③]曾在《国外的汉语语音研究》一文中介绍了国外较早的海外的学者对汉语语调的研究情况。Shen（1990）[④]认为，研究语言的最基本语调（intonation minimum of speech）是研究语调最有效的办法，所以首先应该研究无标记的陈述句和疑问句。Yuan（2002）[⑤]则通过声学实验和感知分析，得出汉语疑问句语调和汉语陈述句语调，主要是依靠整体基频曲线的提高，以及疑问句句末音节音高的增强和提高来区分的，而边界调不是区分这两种语调的必要因素。Xu（2002）[⑥]等多位学者也通过研究得到这样的共识：汉语语调不是音高升降的问题，而是调域高低的问题，汉语语调通过提高或压低声调调域的方式来表现，而句末调（句末重读字音的声调）是功能语气的重要表现。另外林焘（2001）[⑦]、林茂灿等（1980）[⑧]、曹建芬（1998）[⑨]等都用实验的方法对汉语声调、连读变调及语调等问题进行了有益的探索。

[①] 吴宗济：《吴宗济语言学论文集》，北京商务印书馆2004年版，第141-161页，原文为1981年10月在中国语言学会第1届学术年会上宣读的论文，原题为《普通话语调的实验研究—兼论现代汉语语调规则问题》。

[②] Tseng Chiu-yu, Shao-huang Pin, Yeh-lin Lee, et al：《Fluent speech prosody: Frame work and modeling, Speech Communication》，2005年第46期，第284-309页。

[③] 廖荣蓉：《国外的汉语语音研究》，见：石锋：《海外中国语言学研究》，北京语文出版社1994年版，第98-140页。

[④] Shen, X-N（沈晓楠）：《On Mandarin Tone 4. Australian Journal of Linguistics》，1990年第10期，第41-59页。

[⑤] Jiahong Yuan, Chilin Shih：《Greg P Kochanski. Comparision of declarative and interrogative intonation in Chinese. The proceeding of speech prosody》，2002年第3期，第711-714页。

[⑥] Xu Yi：《Sources of tonal variation in connection speech》，载《Journal of Chinese Linguistics Monograph Series》，2002年第17期第1-31页。

[⑦] 林焘：《林焘语言学论文集》，北京商务印书馆2001年版。

[⑧] 林茂灿，林联合，夏光荣，曹雨生：《普通话二字变调的实验研究》，载《中国语文》，1980年第1期，第74-79页。

[⑨] 曹建芬：《连续话语语音特征及其信息处理》，载《语言文字应用》，1998年第1期，第98-112页。

第二节 语调格局的分析方法

一、从语音格局到语调格局

吴宗济在为业师石锋教授《语音格局——语音学与音系学的交汇点》一书作序时，说到"石锋教授提出的格局非常好"，并举了这样一个例子：有两个人，其中一个相貌堂堂，另外一个萎靡不振，这具体是几格呢？恐怕没有绝对值。但这并不影响大家判断——第一个人是相貌堂堂的人。吴宗济先生又举了几个生活中的例子，比如说今天天气好，是好到什么程度呢？气温多少度是好呢？天上有多少朵云是好呢？再比如说他的房子很好，有三间屋，按照我们常规思路他三间屋的房子要比别人家两间屋的要好，可是到另外一家看，虽然是两间屋，但比他的三间屋大多了。

上文提到的格局是生活中的格局，语言学中同样有格局，石锋教授也曾在《语调格局——实验语言学的奠基石》的前言中提到，1998年他曾在一篇文章中首次提到"语调格局"的概念，当时只是一种朦胧的想法。谈到何谓"格局"时，石锋教授以鲁迅先生的小说《孔乙己》的开头"鲁镇的酒店的格局……"中的"格局"基点引申出语言学中的格局。虽然说话人所说的话发音不一定那么标准，每个音节的发音并不那么规范，但是由于听话人的听觉系统可以对所听到的语音材料进行加工处理和整合，所以只要说话人所说的话总体在"框架"内，就可以被听话人理解。格局就是共有的语言框架。

萨丕尔（1925）[①]早在1925年就曾在文章《语言中的语音格局》中使用了"语音格局"（Sound Pattern）一词，并指出，语音格局解释了为什么母语者认为毫无困难的发音，一些外国人在发这些特定发音时却觉得很困难。

哈勒（1959）[②]在《俄语语音格局——语言学和声学研究》中也使用了"语音格局"一词从声学角度分析俄语中元音的响音。

乔姆斯基、哈勒（1968）[③]在《英语语音格局》一书中再次提到"语音格局"，书中首先概述了英语语音学的理论，然后探讨了语言感知的过程，并详细考察了英语语音的发音模式及其基本结构，进行英语语音格局（SoundPattern）共时性和历时性研究。

刘复（1924）[④]在《四声实验录》中将北京、南京、武昌、长沙、成都、福州、广州

[①] Sapir, Edward:《Sound Pattern in Language, Language》,1925年6月第1卷第2期，第37-51页。
[②] Halle, Morris:《The Sound Pattern of Russian: A Linguistic and Acoustical Investigation》. In The Netherlands. Mouton& Co. N. Y. , Publishers, The Hague. 1959.
[③] Chomsky:《Noam & Morris Halle》,The Sound Pattern of English, MIT Press. 1968.
[④] 刘复:《四声实验录》.上海群益书社1924年版。

等 12 处方言点的声调进行语音分析，绘制成图。分图是一个声调为一幅图，总图是用一条中线作为标准，把一个方言中所有的声调画在同一幅图上。虽题为"四声实验录"，实则是一本否定四声存在的专著，利用实验语音学的方法，研究中国语言中"四声是什么"这一问题，虽未明确提出"语音格局"这一概念，但却包含其义。

王洪君[①]的《汉语非线性音系学》一书的副标题"汉语的音系格局与单字音"也使用了"格局"一词。该书也介绍了哈勒在 1959 年出版的《俄语语音模式》[②]一书，并指出根据完全不考虑语法语义信息的双向单一性原则找出的音位，必然是不符合说话人语感的，其音系也必然是一个混乱的"格局"。该书同时指出，单字音与派生音形成不同的共时音系格局、探讨了语音特征、自然类与音系的规则和格局、深层形式与共时音系格局等。

在萨丕尔、哈勒和乔姆斯基的书和文章中，语音格局（sound pattern）是"耳听"的格局，而我们现在所说的是"眼见"的格局，是把语音格局的概念跟语音实验的数据结合在一起，得出具体的数据，做出直观的图表。

从语音格局的思路来考察语音，是将某个语音放在格局的框架中去分析它的相对位置，而不是对某个语音进行孤立的研究，因此得到的是一个感知范畴，这与人的认知是相对应的。广义的语音格局包括声调格局、元音格局、辅音格局和语调格局等，而语调格局的研究，也标志着语音格局的研究超出语音学的范畴，进入了实验语言学领域。狭义的语音格局包括声调格局、元音格局、辅音格局，这些是语调格局研究的基础，单字调、连读调是语调的建筑基石。语调研究不仅仅是研究语音问题，同时涉及语义、语法等的研究，单从语音学角度是无法研究语调的。语音格局是系统的、可量化的、可见的语音系统。

语调格局就是语句的音高、音长、音强的交互作用的表现形式。在音高方面是语句调型曲线的起伏格式所表现的字调域的宽窄和高低的位置关系——用语句调域图和起伏度表示（石锋、王萍、梁磊 2009）[③]；在音长方面是语句中各字音的相对音长的动态变化构成的分布模式——用停延率表示（石锋、梁磊、王萍 2010）[④]；在音强方面是语句中各个字音的相对音量的动态变化形成的分布模式——音量比表示（梁磊、石锋 2010）[⑤]。

目前，石锋老师团队已采用实验的方法，对汉语语调进行了细致的考察，具体包括，

[①] 王洪君：《汉语非线性音系学—汉语的音系格局与单字音》，北京大学出版社 1999 年版。
[②] 上文译作《俄语语音格局—语言学和声学研究》。
[③] 石锋、王萍、梁磊：《汉语普通话陈述句语调的起伏度》，载《南开语言学刊》，2009 年第 2 期，第 4-13 页。
[④] 石锋、梁磊、王萍：《汉语普通话陈述句语调的停延率》，见：潘悟云，沈钟伟：《研究之乐—庆祝王士元先生七十五寿辰学术论文集》，上海教育出版社 2010 年版，第 321-329 页。
[⑤] 梁磊、石锋：《普通话两字组的音量比分析》，载《南开语言学刊》第 2 期，第 35-41 页。

对汉语陈述句的语调模式、汉语疑问句的语调模式进行探讨,对边界调及焦点调、下倾调和降阶调的作用域和量化表征进行探讨,对陈述句中句调域内部(词调域、字调域)的同构性进行探讨,等等。这些成果很多已发表在学术刊物上,部分汇集成书,如:《语音格局——语音学与音系学的交汇点》(石锋 2008)、《语调格局——实验语言学的奠基石》(石锋 2013)、《汉语语音习得研究》(温宝莹、邓丹、石锋 2016)、《汉语功能语调研究》(石锋、王萍 2017)、《韵律格局——语音跟语义、语法、语用的结合》(石锋 2021)、《普通话语音实验录》(石锋等 2022 即出)。

基于实验研究和前人研究成果,共概括出 10 条普通话语调原理[①],具体包括:音高调域原理、基式语调原理、双重下倾原理、句首词定位原理、边界调原理、语句时长原理、语句音量原理、中调游移原理、后字凸显原理、语速变化原理等。其中音高调域原理是指,语调的音高特征表现为音高曲线升降所依据的调域变化。一个语句至少有句调域、词调域和字调域三个层级的相互作用。基式语调原理是指,自然焦点陈述句的语调表现是语调韵律分布的基本模式,其他语句都可以与基式相对照而得出各自的变式语调特征。双重下倾原理是指,基式语调的音高下倾,包含语句中的词调域下倾和语词中字调域下倾。句首词定位原理是指,基式语调中,句首词调域中线跟总的语句调域中线趋于一致。边界调原理是指,语句内部的边界调通常表现为调域的界前下倾扩展、时长的界前延长、音量的界前增强。语句时长原理是指,语句的时长通常以韵律词为单位,出现在边界前的字音延长。语句音量原理是指,语句的音量通常以韵律词为单位,从句首到句末明显递降。中调游移原理是指,位于调域中阶的声调起点和终点,在语流发音当中具有较大的游移性。后字凸显原理是指,后字凸显在语句当中通常是韵律词的非轻声后字,集中表现出这个词的韵律凸显程度。语速变化原理是指,成年人说话的语速通常会随着社会地位的提高和年龄的增长而减慢。

二、语调格局实验的计算方法和定量表现

王萍、石锋(2011)《试论语调格局的研究方法》[②]一文,基于"语调格局"的思想,从广义的语调出发,详细介绍了起伏度、停延率、音量比的计算方法,系统分析了起伏度、停延率和音量比分别对于语调的音高、音长和音强的定量表现。文章指出,起伏度、停延率和音量比不仅是整体语调研究中的重要工具和量化参数,而且具备可操作性和有效性,通过对起伏度、停延率和音量比三个指标的综合考察,能够不断深化和推进不同语言的语调研究,进而发现不同语言语调中存在的规律和共性。

文章采用的实验句是在沈炯(1985)实验句的基础上修改而成的 4 个陈述句和 4 个

---

① 石锋:《2022 年"实验语言学+"云上论坛.试解普通话语调原理(修订版)》。
② 王萍,石锋:《试论语调格局的研究方法》,载《当代外语研究》,2011 年 5 月第 5 期,第 10-17 页。

疑问句：

  张中斌星期天修收音机。/?

  吴国华重阳节回阳澄湖。/?

  李小宝五点整写演讲稿。/?

  赵树庆毕业后到教育部。/?

  共有4位发音人，每个实验句连续说3遍，共得到48个样品句。使用南开大学"桌上语音工作室"（MiniSpeech Lab）对样品句进行声学实验，测量音高、音长和音强的原始数据，然后根据计算公式，将音高参数转换为起伏度，将音长参数转换为停延率，将音强参数转换为音量比，最后使用Excel进行计算、统计和制图。在此主要介绍起伏度和停延率的计算公式和方法以及二者在普通话陈述句及疑问句中的表现。

1. 起伏度

  "起伏度"是从音高角度对语调进行量化分析的重要指标。

  通过公式 $St=12\times lg(f/fr)/lg2$（其中 fr 表示参考频率，男性参考频率设为55Hz，女性参考频率设为64Hz）将测量得到的音高原始赫兹值转换为半音值。在此基础上，以半音值为标度得出句调域、词调域、字调域的分布位置和音高跨度，以百分比为单位归一化计算词调域之间、字调域之间的起伏度。

  百分比数值计算方法如下：

$$Ki=100\times (Gi-Smin)/(Smax-Smin)$$

式（5）

$$Kj=100\times (Gj-Smin)/(Smax-Smin)$$

式（6）

$$Kr=Ki-Kj$$

式（7）

  其中，Gi 代表词调域上线的半音值，Gj 代表词调域下线的半音值，$Smax$ 是语句调域上线半音值，$Smin$ 是语句调域下线半音值，Ki 是词调域上线百分比，Kj 是词调域下线百分比，Kr 是词调域的百分比数值。

  语句的起伏度用 Q 值表示，具体计算方法为：

$$Qx=Kx-K(x+1)$$

式（8）

其中，x 是词调域在句子中的位次序列，x=1,2,3……；K 是词调域的相对百分比数值。

一个词调域的起伏度，可以分别计算其上线、中线和下线的起伏度。词调域的上线、中线和下线分别用 Qa、Qb 和 Qc 表示，其中 Qb = (Qa+Qc) ÷2。

汉语普通话陈述句及疑问句中"起伏度"的音高表现如下：

首先，在陈述句中，陈述句的句末词调域较大，句中、句首词调域较小；剧中词调域虽有不同程度的上下浮动，但句首词调域跟句末词调域相比，都是下倾的。而在疑问句中，疑问句的句末词调域最大，句末词调域的跨度明显大于句首、句中调域；各词调域的句末调域达到了最大化，覆盖整个语句调域。

其次，对比陈述句和疑问句的语调起伏度发现，疑问句的语句调域大于陈述句；疑问句语句调域的上线和下线都高于陈述句，且上线提高的幅度大于下线；陈述句全句调域最高点的在句首的位置，而疑问句在句末的位置；陈述句和疑问句全句调域最低点位置相同，同样都在句末；陈述句的语调音高呈整体下倾趋势，疑问句的语调音高呈整体扩展趋势；由词调域中线的分布规律可知，中线在区别陈述句和疑问句两种语气时起到标识作用；陈述句和疑问句的句中词调域的过渡效应不同。

2. 停延率

何为停？何为延？音长在语句中的主要作用：一是通过边界后的停顿——停，二是通过边界前后音段的延长——延，来区分语句的不同等级的边界，二者统称为"停延"。通过语句"停延率"的表现，可以从音长的角度考察语句的句调域、词调域以及字调域等不同层级的韵律边界的停顿和延长的表现。"停延率"和"起伏度"分别从音长和音高两个角度表现语调的形式，形成一定的对应关系。

"停延率"的计算方法：测量每个音节的声母时长、韵母时长，并将二者相加得到整个音节时长；再将每个句子的所有音节时长相加，得到每个句子的时长，从而得出每个音节的平均时长；最后根据公式：$Dx = (Sx+Gx)/S\#$（其中，Dx 代表某个音节 X 的停延率，Sx 代表一段音节组合中音节 x 的时长，Gx 是该音节后出现的停顿时长，$Gx=0$，$S\#$ 代表该段组合音节的平均时长。）若 $Dx > 1$，则被视为该音节发生了音段延长。

普通话陈述句停延率的表现为，语句边界、词调域边界和字调域边界前的音节都发生了延长；第 7 音节即动宾短语中的动词均发生了延长（延长幅度不大）；第 3 音节即句首词调域边界前的音节是全句延长最大的音节；语句边界前没有明显延长；不同声调对于语句中的延长没有明显影响。

第三节　汉语作为第二语言的语调教学

一、第一语言与第二语言[①]

第一语言是指儿童最先习得的语言，是我们从父母或周围人那里自然习得的语言，简称"一语"，通常是我们的母语。从语言学习和习得的角度看，使用"第一语言"这一概念比使用"母语"更科学和准确。虽然在大多数情况下，母语就是最先习得的语言，即第一语言，但随着现在移居国外的人越来越多，他们的孩子最先习得的可能是所居住国的语言。对未取得居住国国籍的人来说，居住国语言是第一语言，但不是母语。对已取得居住国国籍的人来说，居住国语言是本国语，应该视作母语，但从民族的角度来看却又不是本族语，是否可被称为母语值得商榷。由此可见，使用"第一语言"这一概念更为科学准确。

第二语言是指在第一语言之后再学习的其他语言，在学习第二语言之后，又学习了其他语言，可以按照学习的时间顺序称之为第三语言、第四语言，以此类推。但在语言学领域，通常把第二语言、第三语言、第四语言……统称为第二语言，简称"二语"。从语言教学的角度来看，第二语言的范围比较广泛，第二语言不仅指学习外国语（非本国语言），也包括学习外族语（非本族语言）和方言（非本地语）等。

二、习得与学习

20世纪70年代中期，美国语言学家克拉申系统地提出了学习与习得在第二语言能力形成过程中所起的作用，并将"学习"和"习得"作为两种不用的语言学习途径加以区分，自此打开了探索语言习得和学习过程的新思路，对语言教学，尤其是二语教学起到了巨大的推动作用。

习得是指在自然状态下从周围环境中学习获得某种能力，是潜意识的、非正式的学习活动，不需要进入专门的学校或课堂，不需要请专门的老师授课，比如人的站立、行走或饮食等能力都是自然习得的。语言的理解、发生和掌握也是可以通过习得获取的，人的第一语言都是通过习得的方式获得的。就如克拉申提出的，语言习得者通常并没有意识到自己是在学习语言，而只是意识到他们在用特定语言进行交际。幼儿习得语言分为如下几个阶段：

[①] 周小兵，李海鸥：《对外汉语教学入门》，广州中山大学出版社2009年版。

1. 咿呀阶段：几个月的婴儿，初期发音不受周围说话人的影响，半岁以后开始向周围人语言里的音靠拢。

2. 独词句阶段：一岁到一岁半，每次用一个词表达意思。儿童学说话时，首先用独词句，如"妈妈""爸爸""吃"等。

3. 双词句阶段：接近两岁时，可将两个独词句连接起来，形成简单的动宾句、主谓句等，可以说是造句的萌芽阶段，如"吃饭饭""宝宝吃"等。

4. 电报句阶段：两岁半到三岁，所说句子逐渐加长，句法关系更加复杂。虚词、语法变化陆续出现。语法表达会有遗漏，类似省略一些虚词语法成分的电报体。

5. 接近成人阶段：四岁左右，电报体阶段结束，但跟成人语言仍有差别；五岁左右，儿童语法接近成人语法；五岁到十岁，儿童基本全面掌握成人语言。

可见，儿童习得第一语言，似乎是无师自通、自然而然的一种行为。那么第二语言呢？也可以通过周围环境和与他人接触中自然习得吗？答案是肯定的，如自幼出生在美国的华裔后代，父母日常交流语言是汉语，儿童先在家庭环境里习得了汉语，随着成长，又在美国学校、邻居等社会环境中习得了英语。只不过这种第二语言的后天习得，对儿童而言比较容易，成人如想通过语言环境完全习得第二语言，恐怕是非常困难的，大多数只能做到不完全习得。

儿童为何可以在短短几年内迅速地、创造性地习得一门语言？语言学家对此提出的理论大致可分为三类：

1. 后天环境论

后天环境论的心理学理论基础是美国心理学家华生提出的行为主义，认为语言是"刺激—反应"的产物。其中影响较大的是"白板说"、"强化论"和"传递论"。

2. 先天决定论

先天决定论的心理学理论基础是法国哲学家笛卡儿提出的"天赋观念说"，以乔姆斯基为代表的一批语言学家继承了笛卡儿的"天赋观念说"，认为人的语言能力是与生俱来的。其中较为有名的是"先天能力说"和"自然成熟说"，这也就是为什么"狼孩"即使回到了人类社会，也无法学会人类语言，就是因为"狼孩"错过了语言学习的关键期。

3. 先天与后天相互作用论

先天与后天相互作用论的心理学理论基础是瑞士心理学家皮亚杰的"认知说"。这一理论考虑了主观和客观两方面因素，这一理论也解释了苏格兰国王詹姆斯四世的一个残酷的实验：1493年，詹姆斯做了一个实验，他找了几名刚出生不久的婴儿，派人放到一座荒岛上，并且让一个聋哑人女性去照料他们，以此保证婴儿不会学到任何语言。詹姆斯认为，当婴儿长到能说话的年纪时，在没有任何外界接触的情况下，他们说出的语言一定就是人类最初的由上帝创造的语言。荒岛上的婴儿逐渐长大了，但是他们并没有说出什么"神的语言"。其中一部分人，在20多岁的年纪还是像小孩一样，智力水平停滞不前；还有一部分人在模仿动物的叫声还有周围环境的声音只有两个人学会了用手势进行交流。儿童语言的发展，就是天生能力和客观经验相互促进的结果，儿童的认知活动和语言活动相互促进，这一理论，对语言教学具有积极意义，人们开始用认知的发展过程来解释儿童的语言发展过程。

相比于语言"习得"是潜意识的过程，"学习"语言则是有意识的过程。学习者学习第二语言，是有意识地学习第二语言的规则，能够明确意识到是所学习的语言规则并能够谈论这些规则。比如，外国留学生在学习汉语"把"字句时，可以明确掌握甚至说出"把"字句的结构规则"主语＋把＋宾语＋动词＋其他"，学习者根据"把"字句的结构规则，在具备词汇量和了解语言环境的基础上，可以生成多个把字句。

第一语言习得与第二语言学习既有共同点，也有不同点。[①] 二者的共同点主要包括以下几点：一是，都需要建立声音和意义的联系；二是，都需要建立形式结构和语义的联系；三是，获取一种语言能力都需要经过感知、理解、模仿、记忆、巩固和应用这样几个阶段；四是，语法的习得或学习都有一定的顺序；五是，二者都是主观条件和客观条件相结合的结果。

与第一语言的习得不同，学习第二语言时，通常在专门的场所由专业的老师实施专门的教学，其教育形式正规系统，通常使用符合学生语言水平和教学目的的教材，在学习后，通常还要进行语言测试检验学习效果。综上，"语言学习"是指，学习者有意识地接受某种语言的正规教学，以获得所学语言的语言知识、语言技能和语言交际能力，从而掌握并获得运用这种语言能力的活动。

正是如此，同样是获取一门语言，第一语言习得和第二语言学习之间还是存在着诸多不同，主要体现在学习主题不同、理解和接受能力存在差异、目的和动机不同、语言环境不同、方式不同、顺序过程不同、文化差异等几个方面。

三、中介语与汉语中介语

中介语指的是第二语言学习者特有的一种目的语系统。中介语理论认为，第二语言学习者在学习过程中所掌握和使用的目的语是一种特定的语言系统，这种语言系统在语音、词汇、语法、文化和交际等方面既不同于自己的第一语言，也不同于目的语，而是一种随着学习的进展向目的语的正确形式靠拢的动态语言系统。正是由于它是一种介乎第一语言和目的语之间的语言系统，所以被称为"中介语"。

---

① 对外汉语教学概论（讲义）. 吕必松. 国家较为对外汉语教师资格审查委员会办公室. 1996年6月。

中介语理论的理论基础是转换生成语法和认知心理学。① 到了20世纪70年代,不少学者开始意识到对第二语言学习的研究不能只关注第一语言与第二语言之间的关系,或者说是第一语言与第二语言之间的异同。在学习过程中的某一个特定阶段,学生使用的是既非第一语言,又非第二语言的独立语言体系。因此,20世纪70年代初期,Nemser(1971)提出了"近似体系"理论,即二语学习者所产生的语言是一套具有结构特性的语言体系,其中的一些特性无法在学生的母语和第二语言中找到,这套近似体系会逐渐向第二语言体系靠拢,但极少能达到完全重叠合并的状态,且在靠拢的过程中常常会出现停滞状态。Selinker(1972)提出了"中介语"理论,认为"中介语"是通过以下五种方式生成的:一是,第一语言转移,即"中介语"中的一些语言规则和现象是从学习者的第一语言转移过来的;二是,第二语言泛化,即"中介语"会将第二语言中的一些规则做过度概括,产生泛化现象;三是,语言训练的转移,即有些"中介语"的成分源自教师反复机械训练的方式;四是,学习第二语言的策略,即学生为了达到交际目的,而省略一些虚词等语法成分。

中介语理论认为,学习者在学习第二语言的过程中出现偏误的主要原因包括:第一语言的干扰,即负迁移作用,所学的有限的目的语知识的干扰,本族或外族文化因素的干扰,学习方式、交际方式、学习态度的影响,如避免使用某些难音、某些难词、某些虚词等语法形式,教师或教材对目的语语言现象不恰当或不充分的讲解操练。鲁健骥于1984年首次将中介语理论引入对外汉语教学界,发表了文章《中介语理论与外国人汉语学习的语音偏误分析》②,接着于1987年发表《外国人学习汉语的词语偏误分析》③。

四、汉语作为第二语言的语音教学与语调教学

语言教学的规律是由语言的规律和语言学习的规律共同决定的,每种语言除了跟其他语言拥有共性外,还都有各自的特性,这些特性往往会对语言教学产生较大影响。汉语也因其自身的特性,当汉语作为第二语言教学时,又有不同于其他第二语言教学之处。例如,教学重点不同、教学内容的安排顺序不同、汉字教学的独特之处、汉语作为有声调语言的语音教学等。

汉语的语音有其自身的特点,在现代汉语中,声母和韵母按一定的方式组合起来构成音节,声母是汉语音节中开头部分的辅音,韵母是汉语音节中在声母后面的部分。普通话有四个声调:第一声阴平、第二声阳平、第三声上声、第四声去声。与世界上许多语言不同,汉语是有声调语言,汉语的音节有高低升降的变化,汉语的声调具有区别意义的作用。对汉语学习者而言,在语音、词汇、语法等几个语言要素中,形成习惯固化

---

① 王建勤. 汉语作为第二语言的习得研究. 北京语言文化大学出版社. 1998年7月.
② 鲁健骥. 中介语理论与外国人汉语学习的语音偏误分析. 语言教学与研究. 1984年第3期.
③ 鲁健骥. 外国人学习汉语的词语偏误分析. 语言教学与研究. 1987年第4期.

后最难改正的正是语音,要克服第一语言语音的影响,完全正确掌握汉语的语音系统是非常困难的。很多学习者即便汉语达到了高级阶段,依然会存在"洋腔洋调"的现象。为什么学习者到了高级阶段,依然摆脱不了"洋腔洋调"呢?通常认为存在一个所谓的学习语言的"关键期",尽管学界对第二语言学习的过程中是否存在所谓的"关键期"还存在争议,但成年人学习者在学习一门语言的过程中,受到其母语非常大的影响,这确实是无可争议的事实,无论是从经验主义的角度而言,还是从科学实证的角度而言,我们都无法抛开汉语学习者的国别,抛开汉语学习者母语的影响来谈论汉语的语音学习和教学问题。因此分析不同母语背景学生的语音特点,针对学生的语音特点进行有针对性的教学和训练,是汉语作为第二语言教学过程中必须引起重视的。

赵金铭(1985)在《简化对外汉语音系教学的可能与依据》[①]一文,从分析几种基础汉语教材语音内容的编排入手,依据"四呼说"、汉语语音变化的逆同化现象、汉语韵头(介音)的变化,充分利用大多数外国人具备的音素拼合能力的优势,提出了一个对外国人进行音系教学的简化方案。

石锋、刘掌才(2021)[②]在《汉语作为第二语言的语音教学问题》一文强调,语音教学是第二语言教学的基础,汉语作为第二语言的语音教学复杂而系统。文章基于教学实践和语音实验,探讨了汉语作为第二语言语音教学中声母、韵母、声调等常见问题。提出了相应的教学对策。

任何一种语言的语音都是一种系统,不同语言之间最大的区别就是语音系统不同,学习任何一种语言都必须先学习这种语言的语音系统,学界已经逐渐认识到汉语语音在汉语作为第二语言的学习中的重要性,但更重要的是关注汉语的音节和音素教学,由于汉语的声调有区别意义的作用,声调教学,尤其是单字调的教学也受到关注。然而人们在说话的时候,总是说"话",而不是说"字","语流"中说的是自然的"话",是句子,除了每个音节都有自己的声调外,整个句子都有一定的语调,因此汉语学习者除了要掌握声、韵、调,还要掌握连读、停顿、重音、语调、语气等语音成分。

张朋朋、徐鲁民(1981)[③]、王魁京(1996)[④]等人运用传统的语言学方法研究外国人汉语语调习得,这是在汉语作为第二语言的语调学习领域比较早的文章,最早发现汉语语调对于外国人学习汉语的重要性,并对汉语语调的学习进行了细致的研究分析,提出了很多值得我们借鉴的针对汉语语调教学的建议。

《试析"洋腔洋调"问题》一文通过听音记音,将汉语学习者说汉语时的"怪调"

---
① 赵金铭:《简化对外汉语音系教学的可能与依据》,载《语言教学与研究》,1985年03期。
② 石锋、刘掌才:《汉语作为第二语言的语音教学问题》,载《天津师范大学学报》(社会科学版),2021年第2期。
③ 张朋朋、徐鲁民:《试析"洋腔洋调"问题》,载《语言教学与研究》,1981年第3期,第65-71页。
④ 王魁京:《汉语作为第二语言学习中的句子的语调、语气理解问题》,载《北京师范大学学报》(社会科学版),1996年第6期,第79-89页。

记录下来,发现主要有两类错误:

1. 每个音节的声调都发成中平调

作者分析造成这类错误的原因有三:一是,学习者的母语是英语和法语,都是无声调语言,每个音节一般都发成中平调,学习者受到母语的影响,把汉语的每个字调都一律拉平;二是,因为汉语的音高变化主要发生在音节上,并且是突然的跳跃式的变化,不同于英语和法语,每个音节的音高变化是逐渐的滑动式的变化;三是,学生只能记住每个音节的声、韵部分,记不住调。

2. 个别音节读错了声调

作者分析造成这类错误的原因有两个:一是,某些音节的声调本来就发不准或记不住,与是否在语流中无关;二是,学习者受到其母语语调的影响,以其母语语调代替汉语的声调,将音节的音高服从语调,突出反映在每个句子的末字。如句子是疑问句,学习者往往会将句子的末字发成二声阳平调,如句子是陈述句,学习者往往会将句子的末字发成四声去声调。

《汉语作为第二语言学习中的句子的语调、语气理解问题》一文同样提出,汉语学习者除了要掌握汉语的声调,还要理解句子语调、语气。文章为汉语学习者提供了一些理解句子语调和语气的基本方法:

1. 学习者可以通过对语调的构成要素进行听辨和分析,从而正确理解语调所表达的语义内容。要注意音节读音的高低、轻重、长短和快慢,要重视"意群"的分界作用。

2. 学习者要在语调听辨分析的基础上,结合对句子的词汇和语法规则的综合理解,从而正确理解语调所表达的语义内容。

3. 学习者可以将汉语句子的语调与自己的母语语调进行对比,寻找其相同之处,帮助理解。

以上两篇文章或基于听音记音指出偏误所在,或基于课堂实践提出教学意见,均缺乏真实可靠的数据,结论不是很直观,针对性也不是很强。用实验的方法对汉语学习者汉语语调学习情况进行实验研究,得到的数据更科学直观。

陈翠珠(2006)^①的硕士论文,对越南语、越南汉语普通话(中介语)和标准汉语普通话的陈述句、疑问句、感叹句和祈使句四种句子类型的音高进行了对比分析。陈翠珠首先从声调入手,对越南语、越南汉语普通话(中介语)、汉语普通话的声调进行比较。接着,对越南语、越南汉语普通话(中介语)、汉语普通话的语调进行综合比较,考察了越南语对越南留学生学习汉语陈述句、疑问句、感叹句和祈使句语调的影响,所考察的语句类型全面,并考察了越南语语调对越南留学生学习汉语语调产生的母语迁移作用,<u>进行了研究分析</u>。论文提出越南学习者学习汉语时,从越南语语调到汉语普通话语调所

---

① 陈翠珠. 越南语语调对学习汉语语调的影响研究:[硕士学位论文]. 云南:云南师范大学,2006.

要经历的四个阶段：越南语阶段—越南汉语中介语阶段—越南汉语普通话阶段—标准汉语普通话阶段。陈翠珠关于越南语母语的语调对于学习者的汉语语调产生的负迁移作用进行了深入探讨，结论是值得借鉴的。越南语语调在不同语气的句子中，对学习汉语语调所形成的影响有所不同，陈述句所反映的影响最为突出：在陈述句中，受到越南母语调域偏窄的影响，学习者汉语的陈述句的调域也偏窄，并且，学习者汉语水平越低，语调调域越窄。在疑问句中，学习者汉低音点频率不够低，语句调域不够宽。

遗憾的是，论文的发音人只有一位女性，无法分析性别原因造成的习得差异，且发音人数量不足，实验数据不足，不能确定所得到的结论是个体差异还是共性的特征。另外，陈翠珠对实验数据没有进行科学系统的分析，无论是对声调还是语调的研究，都只是直接使用语音软件 Praat 得到原始音高语谱图进行分析，没有对得到的实验数据进行归一化处理。

伦茜（2010）[①]的硕士论文，以汉语疑问句为研究材料，采用声学实验、对比分析，选取泰国留学生和中国学生实验句和自然句的音高数据进行实验分析。实验同时采用实验句和自然句进行对比分析，更贴近泰国学习者的语音发音实际，值得我们借鉴。论文提取的主要参数有全句调域、句首起点高度、全句上限和下限的位置、句末调调型、全句起伏度，较为全面且具有一定的科学性。但论文使用 Praat 语音软件提取相关参数，虽将数据绘制成图，更加直观，但因为没有对数据进行归一化处理，很难在一定范围内，消除奇异样本导致的不良影响，无法保证实验结果的可靠性。并且论文不但发音人数量较少，泰国留学生仅有一男一女两个发音人，而且作为对照组代表汉语普通话的发音的中国发音人，同样是一男一女两位。

石林等（2010）[②]在《"洋腔洋调"初探——美国学生汉语语调分析》一文中，提出声调对语调调域的负担量，认为上声的表现对"洋腔洋调"的表现起重要作用。文章通过南开大学"桌上语音工作室"（MiniSpeechLab）进行语音实验，分析了美国学生汉语语调的表现形式，发现美国学生的汉语语调与汉语母语者有很多不同，具体体现在调群内部单字调的调行和调阶、字调域在群调域内部的相对位置、各调群调域在语句调域中的起伏程度等。文章提出，语调的表现跟句法和语义层面都密不可分，而连续语句中的语调是汉语语音教学中的薄弱环节，应予以关注。

以上是从音高角度对外国学习者汉语语调研究的成果。

陈默（2006）[③]的硕士论文，从汉语语调的音长角度出发，通过听辨实验和语音实验，分析了韩国学习者 37 个汉语动词谓语句中的停延表现，发现韩国学生主要在停延的次数、停延前音节的延连量、根据停延前音节的声调划分的停延前音节的延连数目、根据停延

---

① 伦茜. 泰国留学生汉语疑问句语调习得实验研究：[硕士学位论文]. 广西：广西师范大学，2010.
② 石林，王萍，陈曦丹等. "洋腔洋调"初探——美国学生汉语语调分析. 南开语音年报，2010，4（1）：39～43.
③ 陈默. 初_中级韩国留学生汉语动词谓语句停延习得分析和教学对策：[硕士学位论文]. 天津：南开大学，2006.

前音节的声调划分的停延次数和停延前后音节基频差值的变化与汉语母语者存在差异。论文同时提出了相应的教学对策，即在课堂教学中引入节律操练法，并详细讲解了节律操练法的内容、操练方法和步骤等。

李芳兰（2007）①的硕士论文研究了母语背景不同的留学生在朗读和说话中的停延能力。选取典型例句和短文，利用Praat语音软件进行声学分析。论文总结了留学生停延偏误的主要类型：句法结构的停延偏误、意群切分的停延偏误、节律的停延偏误和停延层次的紊乱等。总结了留学生停延偏误产生的主要原因：句法结构不清、节律知识欠缺、缺乏对停延的功能的认识和自觉追求等。

刘艺（2012）②在《汉语初学者陈述句语调的起伏度分析》一文中对母语者和学习者汉语陈述句的语调进行声学分析，从全调域、调群调域、语调起伏度、语调格局和字调在语调中的表现等方面分析了母语者和学习者汉语陈述句语调的异同。

以上是从音长角度对外国学习者汉语语调研究的成果。

南开大学的实验语言学团队，在石锋老师的指导下，以团队形式进行研究，采用立体设计、平行推进的原则，在汉语作为第二语言的语调教学方面取得了一定进展，包括期刊论文、硕博论文、专著等。在《语调格局——实验语言学的奠基石》一书中，收录了6篇语调拓展研究相关文章，具体包括：《英汉陈述句和疑问句语调的对比研究》《英语功能语气语调初探》《韩国语陈述句语调的起伏度研究》《日语声调核在陈述句语调中的表现》《"洋腔洋调"初探》《韩国学生汉语普通话陈述句语调习得的实验研究》等。李亚男、陶媛、燕芳2013年的硕士论文采用语调格局和停延率的分析方法，分别通过实验分析了越南、日本和韩国留学生汉语陈述句和疑问句语调在音高和音长上的表现，并分别针对越南、日本和韩国留学生汉语语调的偏误和特点，提出了汉语语调教学的对策。石林③、阎锦婷④2019年分别出版专著《洋腔洋调实验录（上）》《洋腔洋调实验录（下）》采用实验的方法分析不同国别的汉语学习者的汉语语调表现。《洋腔洋调实验录（上）》对比分析美国、日本、泰国学习者汉语语调的音高表现、停延率和音量比，进行美国、日本、泰国学习者的韵律匹配分析。《洋腔洋调实验录（下）》对比分析了泰国、韩国、日本学习者汉语陈述句和疑问句的语调表现，其中包括句调域、词调域和字调域的对比分析、起伏度表现的对比分析、停延率表现的对比分析、音量比表现的对比分析、字序的韵律匹配分析。

---

① 李芳兰. 留学生朗读说话中停延能力研究：[硕士学位论文]. 广州：暨南大学，2007.
② 刘艺. 汉语初学者陈述句语调的起伏度分析. 对外汉语研究. 2012, (00).
③ 石林. 洋腔洋调实验录（上）. 世界图书出版有限公司北京分公司. 2019.
④ 阎锦婷. 洋腔洋调实验录（下）. 世界图书出版有限公司北京分公司. 2019.

第四节 研究方法及内容

一、研究方法

以越南汉语学习者的语调研究方法为例,介绍本次实验的方法。首先采用语调格局的方法,通过实验分析了越南留学生汉语陈述句语调和无标记疑问句语调的表现,对6位发音人陈述句和无标记疑问句语料进行分层级的分析,分析越南留学生语句总调域、分调域(包括句首调域、句中调域和句末调域)以及语句内部的字音调域的音高表现和"起伏度"的表现跟汉语母语者的不同。然后以"停延率"为工具从音长的角度来考察越南留学生汉语陈述句和疑问句相对字长和词长的表现。

二、研究内容

(一)实验语料

发音人为南开大学6名越南留学生,三男三女,年龄在20到30岁之间,新HSK 5级或6级,汉语水平较高。录音在安静的室内进行,使用CoolEdit软件录音,采样频率11025Hz,16位,单声道。

实验语句是在沈炯(1985)[①]实验语句的基础上进行了适当修改而成的6个实验句。本次实验分析越南留学生汉语陈述句语调时,全部采用无标记的陈述句(即自然焦点的陈述句):

1Aa 张中斌星期天修收音机。

1Ab 吴国华重阳节回阳澄湖。

1Ac 李小宝五点整写讲演稿。

1Ad 赵树庆毕业后到教育部。

1Ae 李金宝五时整交讲话稿。

1Af 李小刚五点半写颁奖词。

本次实验分析越南留学生汉语疑问句语调时,全部采用无标记的疑问句(即无语气词,自然焦点的疑问句)。

---

① 沈炯.北京话声调的音域和语调.见:林焘、王理嘉编.北京语音实验录.北京:北京大学出版社,1985.73~130.

2Aa 张中斌星期天修收音机?

2Ab 吴国华重阳节回阳澄湖?

2Ac 李小宝五点整写讲演稿?

2Ad 赵树庆毕业后到教育部?

2Ae 李金宝五时整交讲话稿?

2Af 李小刚五点半写颁奖词?

其中陈述句和疑问句停延率的分析分别采用各组实验句中的前4句。

要求发音人事先熟悉录音内容,并先朗读训练句"英雄好汉吃香油炒饭看山明水秀"3遍,然后再以自然状态平稳语速朗读以上实验句,无语义强调和感情色彩,其中陈述句均为自然焦点的陈述句,每个实验句连续说3遍,得到3×6×6=108个陈述句样品句。疑问句均为无标记的疑问句,每个实验句连续说3遍,得到3×6×6=108个疑问句样品句,共得到108+108=316个样品句。其中包括用于陈述句停延率研究的样品句3×4×6=72个,用于疑问句停延率研究的样品句3×4×6=72个,用于越南留学生汉语停延率研究的样品句共144个,每个句子10个音节,共得到144×10=1440个音节。

(二)声学参数的计算

在分析越南留学生汉语语调在音高方面的表现时,使用南开大学"桌上语音工作室"(MiniSpeech Lab)对316个样品句进行实验分析,分别以赫兹、半音为单位,并以百分比的方式得出语句总调域、分调域(包括句首调域、句中调域和句末调域)的数据,进行起伏度的计算。采用Excel进行计算和作图。同时跟汉语母语者的调域数据图形进行对比,其中汉语母语者陈述句的调域数据和图形来自《汉语普通话陈述句语调的起伏度》(石锋、王萍、梁磊),汉语母语者疑问句的调域数据和图形来自《汉语北京话疑问句语调的起伏度》(王萍、石锋)[①]。为了方便对比,我们采用《汉语普通话陈述句语调的起伏度》和《汉语北京话疑问句语调的起伏度》的计算方法,把每一个发音人同一个句子的发音样品的实验数据进行平均,再把同一个发音人所发的6个句子的平均值画在同一张图中,语句的音长采用归一的方法。在语句内部划分出句首、句中和句末三个分调域(例如:张中斌星期天修收音机。其中"张中斌"为句首调域,"星期天"为句中调域,"修收音机"为句末调域);各分调域中最高的上线就是全句调域的上限,最低的下线就是全句调域的下限,得出语句调域(总调域)。在分析越南留学生汉语陈述句语调在音高方面的习得时,使用SPSS软件对比分析了母语为有声调语言的留学生(越南)和母语为无声调语言的留学生(美国、日本、韩国)汉语陈述句语调的差异。

在分析越南留学生汉语语调在音长方面的表现时,使用Praat语音分析软件对样品句

---

① 王萍,石锋.汉语北京话疑问句语调的起伏度.南开语言学刊,2010(2):14-22.

进行声学实验,测算出音长数据,使用 excel 和 SPSS 进行统计分析。我们采用石锋等(2010)提出的"停延率"的计算方法对越南留学生汉语陈述句和疑问句停延率进行计算分析,其中汉语母语者的陈述句停延率数据和图形来自孙颖（2011）[①]的硕士论文《普通话焦点句的时长表现》。

  本次实验力图探究"洋腔洋调"问题的根源。汉语语调是建立在汉语声调基础上的,它的表现跟句法和语义层面密不可分,大多数留学生虽然能很好地掌握单字调,但是在连读语句中就立刻显露出"洋腔洋调",汉语语调是对外汉语教学中公认的难点,也是造成"洋腔洋调"的重要原因之一。实验从音高和音长两个因素入手:音高和音长是影响语调的两个重要因素,前人对留学生汉语语调习得的研究对音高的研究较多、对音长的研究较少,从音高和音长两方面因素入手,可以更全面科学地探究来华留学生汉语语调习得的全貌。将母语为有声调语言的来华留学生纳入语调习得实验研究的范畴:前人对母语为无声调语言的留学生研究较多、对母语为有声调语言的留学生研究较少。研究母语为有声调语言的汉语学习者（如越南留学生）的汉语语调的习得状况,可以观察其母语声调对语调的影响,使得提出的语调教学对策更具有针对性。采用语音实验的方式和科学的统计量化计算工具:在汉语语调音长问题的研究中,前人采用传统的听音记音、调查问卷方法的较多,采用实验语音的方式,用统计量化的计算工具进行测量的较少。

  本实验拟在前人研究的基础上,运用语调格局的实验方法对越南、美国、韩国、日本留学生汉语陈述句和疑问句的音高表现进行系统的分析对比。然后以"停延率"为工具从音长的角度来考察越南、美国、韩国、日本留学生汉语陈述句和疑问句的字停延率和词停延率等不同层级的韵律边界的表现。以期从音高、音长两个方面全面分析来华留学生汉语语调的特点,以及偏误产生原因,以期更科学、更有针对性地提出教学对策。

[①] 孙颖. 普通话焦点句的时长表现：[硕士学位论文]. 天津：南开大学, 2011.

第二章　越南留学生汉语语调的实验研究

第一节　越南留学生汉语陈述句的语调格局

由于汉语母语者的语调调域数据使用赫兹标度的数值很难发现一致性的规律，而以半音为标度的数值更具一致性的规律，而且半音标度的数据在音高分析中具有优势，半音值与人的听感是相对应的，所以我们在进行越南留学生汉语语调和汉语母语者语调的对比分析时，也以半音为标度，计算百分比数值也选择以半音数值为基础。见图2.1、图2.3（图2.2和图2.4为对照组）。

一、全句调域（总调域）的对比

对比图2.1和图2.3以及对比组的调域图中的调域宽度，我们可以看出越南留学生的汉语语调和汉语母语者的语调在全句调域上有明显差异，三个越南女生的语句调域均比中国女生的总调域宽；三个越南男生中有两个男生的语句调域比中国男生宽。也就是说总体说来越南留学生的陈述句语句调域更宽，与中国学生相比他们调域的上限更高，下限更低。见表2.1。

表2.1 越南留学生与中国学生汉语陈述句语句调域对比

	越南学生（女）a	越南学生（女）b	越南学生（女）c	中国学生（女）	越南学生（男）d	越南学生（男）e	越南学生（男）f	中国学生（男）
半音值（St）	12.72	18.73	15.3	11.1	15.69	19.72	19.53	17.7
分布区间（St）	16.13~28.85	7.28~26.01	11.18~26.48	13.9~25	3.59~19.28	6.93~26.65	5.44~24.97	4.1~21.8

二、分调域的对比

从图 2.1 和图 2.3 越南留学生汉语陈述句调域图中，我们可以直观地看出各个分调域的相对位置：越南女留学生 a 的句末调域上线低于句首和句中调域上线；越南女留学生 b 的句中调域下线低于句末调域下线；越南女留学生 c 的句中调域下线高于句首调域下线；越南男留学生 a 的句末上线高于句首和句中调域上线；越南男留学生 b 的句末调域上线高于句中调域上线，且句中调域下线高于句首调域下线；越南男留学生 c 的句中调域下线高于句首调域。可见越南留学生汉语陈述句语调各调域之间音高下倾的趋势并不明显。中国学生全部是句末调域较大，句中、句首的调域较小，相差在 3～5 个半音。越南学生 a 和 b 句中调域最大；越南学生 e 是句首调域最大，句末调域最小，句首和句末调域相差 8 个多半音；越南学生 f 最大的句末调域和最小的句中调域之间也相差 5 个半音以上。见表 2.2。

表 2.2 越南留学生和中国学生分调域

	半音（St）			百分比（%）		
	首	中	末	首	中	末
越南学生（女）a	11.12	11.90	11.84	87.4	93.6	93.1
越南学生（女）b	17.71	18.61	14.97	94.5	99.4	79.9
越南学生（女）c	13.32	11.94	14.22	87.1	78.1	93.0
越南学生（男）d	10.73	8.56	15.69	68.4	54.6	100.0
越南学生（男）e	18.85	9.18	10.31	95.6	46.5	52.3
越南学生（男）f	16.50	11.46	16.81	84.5	58.7	86.1
中国学生（女）	7.4	7.1	10.1	67	64	91
中国学生（男）	12.3	10.5	15.3	69	59	86

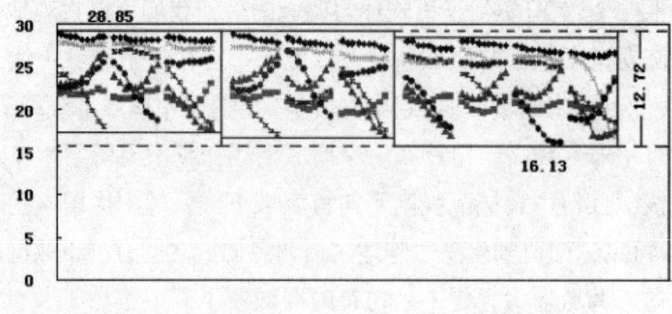

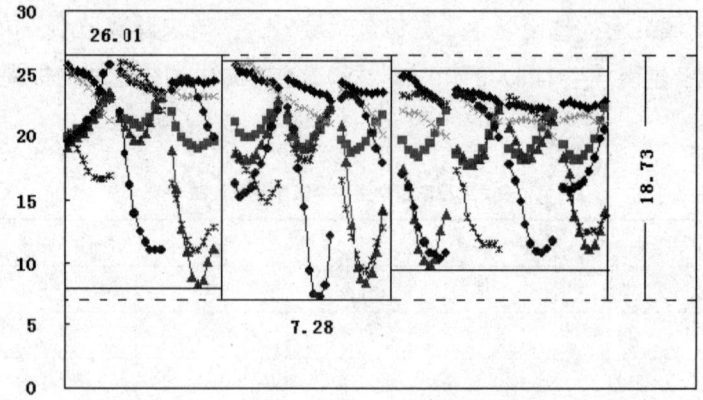

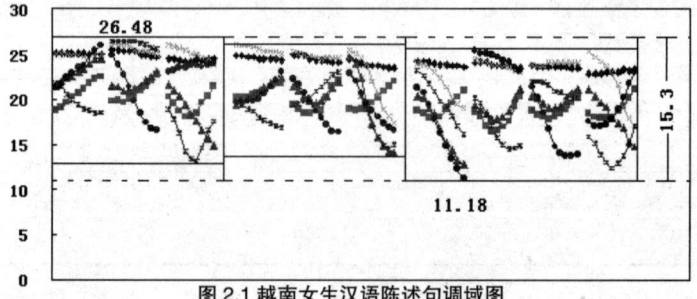

图 2.1 越南女生汉语陈述句调域图

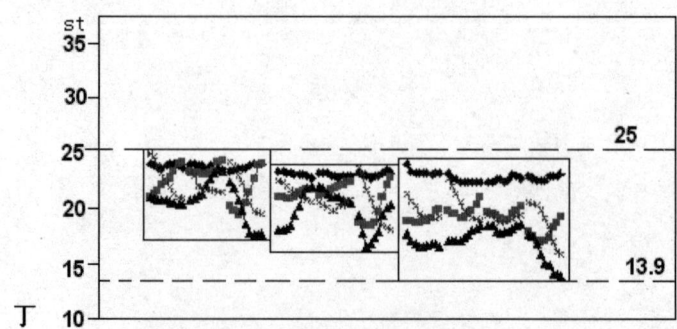

图 2.2 对照组：中国女生汉语陈述句调域图

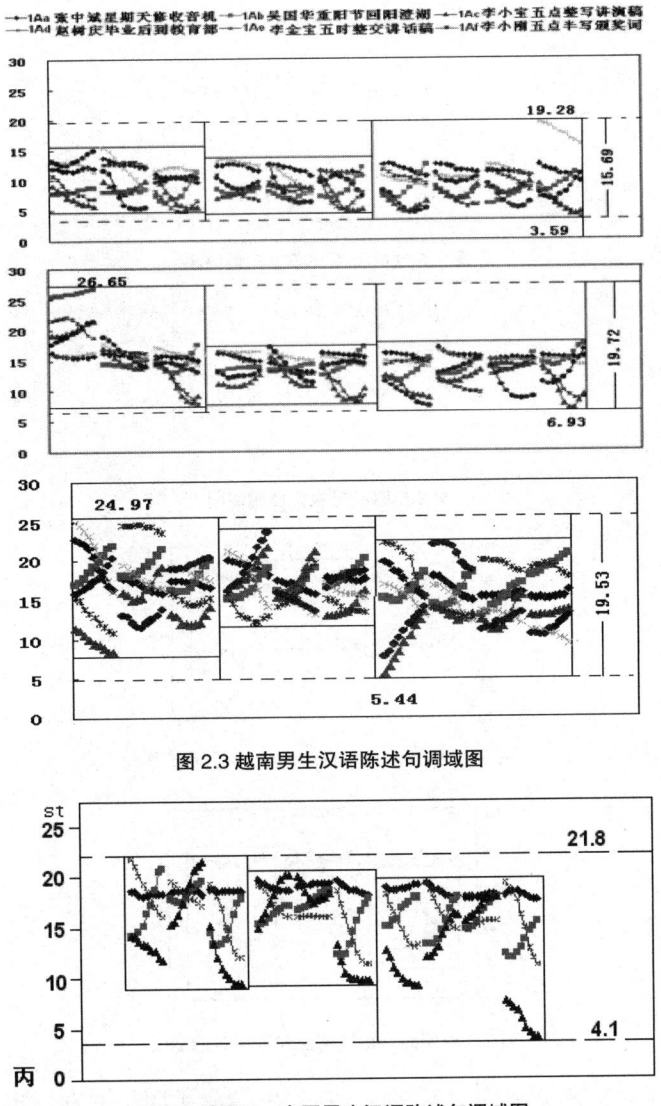

图2.3 越南男生汉语陈述句调域图

图2.4 对照组：中国男生汉语陈述句调域图

可见，越南留学生的分调域也没有呈现出较多的规律性，整体上没有呈现出中国学生句首—句中—句末调域依次下倾的现象，而且他们的分调域同全句调域一样，各调域的跨度比中国学生的跨度宽。

三、字音调域的对比

将六位越南留学生的句首调域中的字音调域依据半音标度进行百分比的归一计算，做出相对化的句首字音调域图和句末字音调域图。

（一）句首字音调域

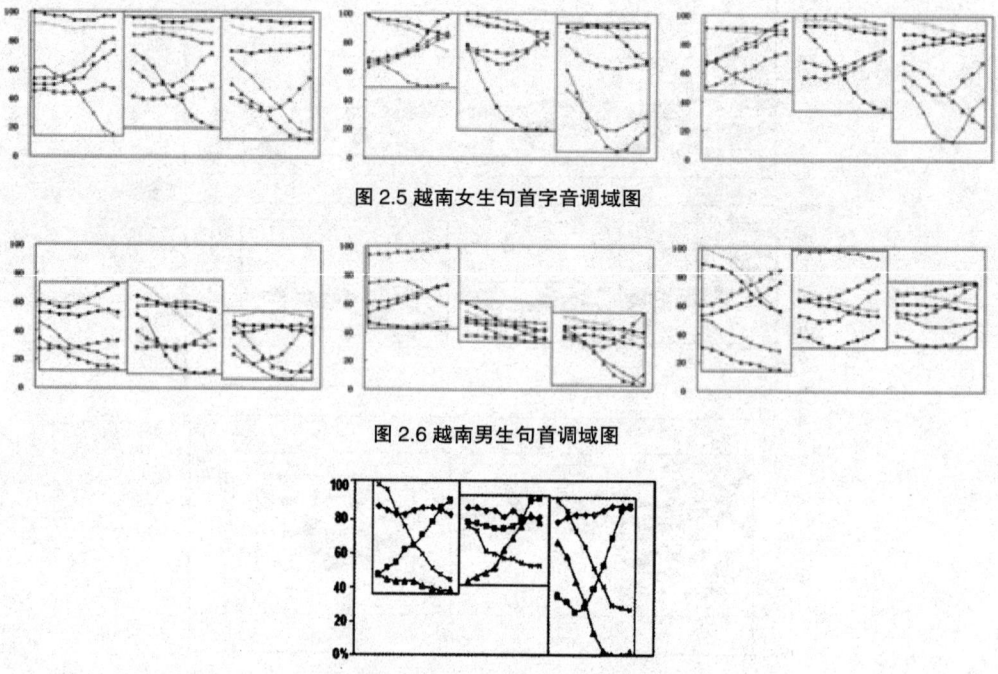

图 2.5 越南女生句首字音调域图

图 2.6 越南男生句首调域图

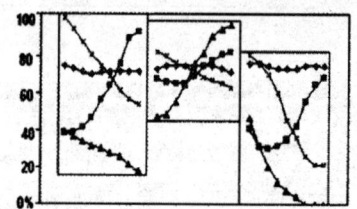

图 2.7 对照组：中国女生句首字音调域图

图 2.8 对照组：中国男生句首字音调域图

阴平：中国学生的阴平表现为高平调，越南女留学生阴平的发音相对标准，基本为高平调，且在同一调域内部的音高基本一致。但是越南男留学生阴平的发音个体差异却比较大，和中国学生的发音差异显著。有的将本是高平调的阴平调发成一个低平调，有的将阴平调发成一个类似去声调的降调。

阳平：中国学生的阳平表现为中升调，越南女留学生阳平的发音相对标准，基本上都是和中国学生相似的中升调，也基本处于中高调阶。但是越南男留学生的阳平发音表现出的问题较为明显，两名男留学生将阳平调发成一个降调，另一名男留学生将阳平调发成一个类似汉语阴平的调子。

上声：中国学生的上声表现为低降调，这符合上声在语流中的表现，但越南留学生的上声发音个体差异较大，有平调、升调、降调，也有曲折调，特别是句首调域的后两个字，越南留学生基本把它发成一个曲折调。

去声：中国学生的去声表现为高降调，越南留学生在去声的发音上出现的问题较为一致，就是将去声调发成一个低降调，甚至发成一个平调。

（二）句末字音调域

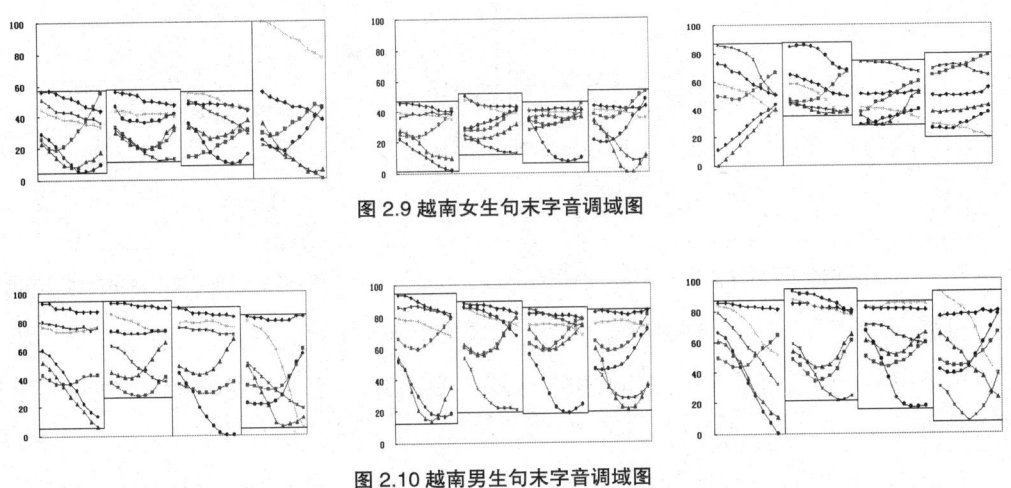

图 2.9 越南女生句末字音调域图

图 2.10 越南男生句末字音调域图

图 2.9 和图 2.10 分别是越南女生和越南男生句末字音调域图，可见越南学生的汉语陈述句字音调域，没有像中国学生那样，句末字音调域和全句调域呈现出同构的现象，即句末调域内部和全句调域一样同样出现下倾的趋势，且在句末调域中，最末字的字音调域最大。但越南学生的句末调域却没有这种规律性，既没有表现出和全句调域的同构性，末字的字音调域也不是句末调域中最大的。

分析句首的单字音调域可以探究越南留学生汉语声调对语调的影响。越南语分为六个声调：横声、玄声、问声、跌声、锐声、重声。越南语与汉语普通话声调相比，越南语缺少高平调（汉语中的阴平调）和高降调（汉语中的去声调），但是却有中平调（横声调）和中低降调（重声调）。越南留学生的发音受到母语的影响，将汉语的阴平和去声混为一谈，发成一个既不同于汉语普通话阴平，也不同于汉语普通话阳平的微降调。而且他们所发的阴平音高偏低，去声调域较窄。但是又不能单纯认为越南学生在句子中完全是以单字调代替了语调中的字调。语调涉及句法和语义等多个层面，母语者凭借语感可以自然地读出复杂的句子，而留学生本身单字调发音就不是很标准，在语流中还需要考虑语义、句法等问题，所以很多单字调读得比较标准的留学生，面对复杂的汉语语调也感到无所适从，尤其是本身就掌握起来有困难的声调（如混淆阴平和去声）在句子中呈现出很多复杂的个体差异，有平有升有降甚至有曲折调，各不相同。

四、声调对语调的负担量

上声调依然是留学生发音的难点和弱点。本人曾考察过这 6 名越南留学生单字调的发音，他们上声的发音基本标准，是一个先降后升的曲折调。但我们知道，上声在语流中的变化最为复杂，上声的连读变调跟句法结构有关，而且在语流中汉语母语者会将上声自然地读成一个低降调，而非曲折调。

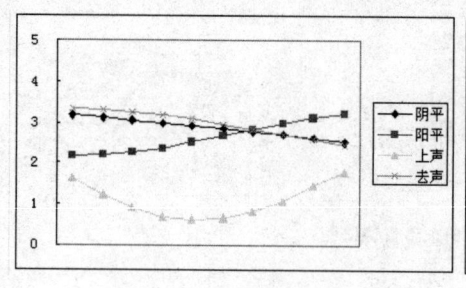

图 2.1.1 越南男生 a 汉语声调格局图

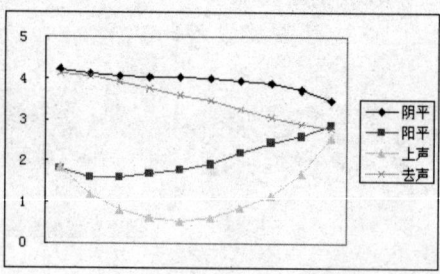

图 2.1.2 越南男生 b 汉语声调格局图

图 2.1.1 至图 2.1.4，分别是越南男生 a、越南男生 b、越南女生 a、越南女生 b 的汉语声调格局图，篇幅所限，男生和女生各选取 2 名。图 2.1.5 是 6 名越南留学生汉语声调的格局图。

石林、王萍等（2010）[①] 提出"从声调的调域负担量上看上声的重要性"。声调的调域负担量是指单个声调对于决定调域上下限的贡献的大小，也就是单个声调在语调形成上的地位与重要性，以此分析汉语的四个声调的声调负担量。阴平、阳平的末尾、去声的开头，决定调域的上限，每个声调各自的调域负担量为 1/3。上声自己承担语句调域的下限，上声的调域负担量为 1。可见，上声的调域负担量最重，也就是说上声对调域起决定性作用，要对上声格外关注。

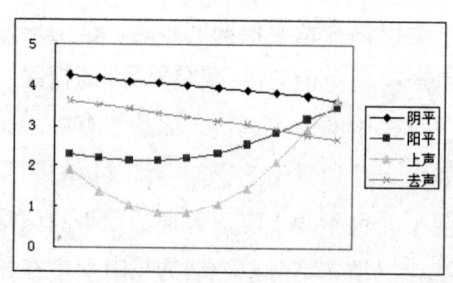

图 2.1.3 越南女生 a 汉语声调格局图

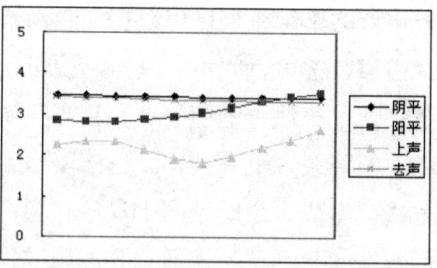

图 2.1.4 越南女生 b 汉语声调格局图

---

① 石林，王萍，陈曦丹等．"洋腔洋调"初探—美国学生汉语语调分析 [J]．南开语音年报，2010，4（1）：39-43。

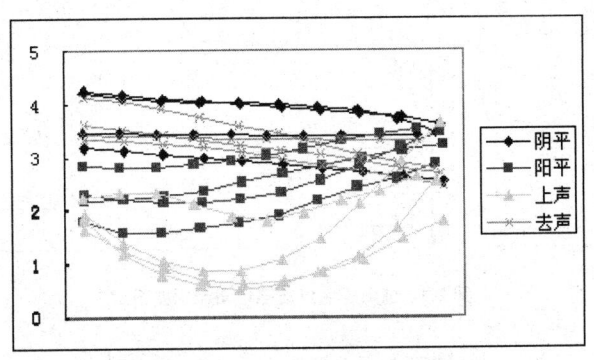

图 2.1.5 越南留学生汉语声调格局图

由图 2.1 和图 2.3 越南女生和越南男生的语调格局图可知，越南女生 a 的调域上限由阴平承担，下限由上声承担；越南女生 b 的调域上限由阴平承担，下限由上声承担；越南女生 a 越南男生 c 的情况由图 2.1 和图 2.2 可知，越南女生 c 的调域上限由阴平调承担，下限由上声承担；越南男生 a 的调域上限由阴平承担，下限由上声承担；越南男生 b 的调域上限由阳平的末尾承担，下限由上声承担；越南男生 c 的调域上限由阴平承担，下限由上声承担。由此可见，若仅从语句调域的上限和下限来观察越南留学生汉语语调的情况，与汉语母语者的差异并不大。

五、起伏度的对比

起伏度的计算是以调域的百分比数据为依据进行的。起伏度数据可以将不同年龄性别的发音人、不同语气和口气类型的语句放置在同一空间中对照比较。越南留学生汉语陈述句语调起伏度见图 2.11 和图 2.12（图 2.13 和图 2.14 为对照组）。

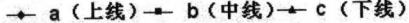

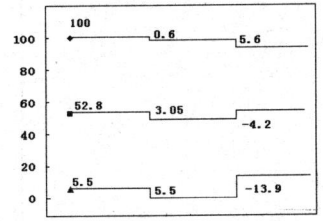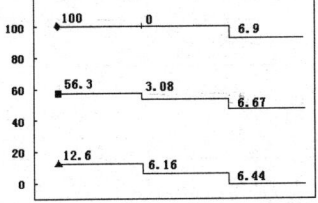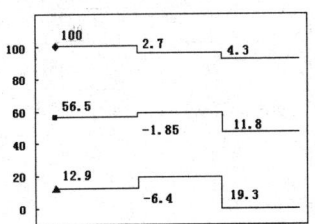

图 2.11 越南女生汉语陈述句起伏度图

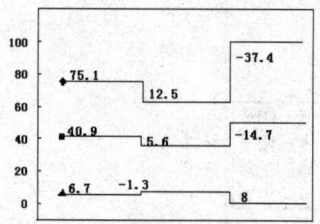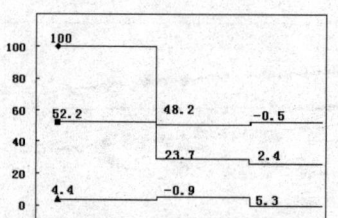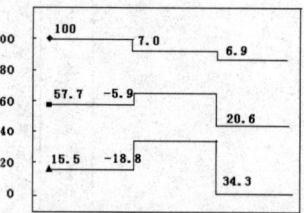

图 2.12 越南男生汉语陈述句起伏度图

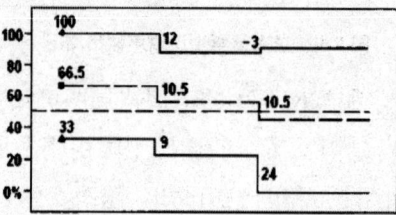

图 2.13 对照组：中国女生汉语陈述句起伏度图

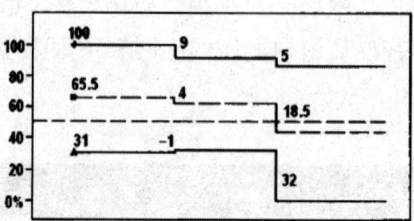

图 2.14 对照组：中国男生汉语陈述句起伏度图

语句起伏度用 Q 值来表示，具体数据见表 2.3。

表 2.3 越南留学生和中国学生陈述句语句调域起伏度 Q 值表

		Q0	Q1	Q2	Q
越南学生（女）a	上线 a	100	0	6.9	6.9
	中线 b	56.3	3.1	6.7	9.8
	下线 c	12.6	6.2	6.4	12.6
越南学生（女）b	上线 a	100	0.6	5.6	6.2
	中线 b	52.8	3.1	-4.2	-1.1
	下线 c	5.5	5.5	-13.9	-8.4
		Q0	Q1	Q2	Q
越南学生（女）c	上线 a	100	2.7	4.3	7
	中线 b	56.5	-1.9	11.8	9.9
	下线 c	12.9	-6.4	19.3	12.9

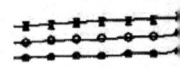

		Q0	Q1	Q2	Q
越南学生（男）d	上线 a	75.1	12.5	-37.4	-24.9
	中线 b	40.9	5.6	-14.7	-9.1
	下线 c	6.7	-1.3	8	6.7
越南学生（男）e	上线 a	100	48.2	-0.5	47.7
	中线 b	52.2	23.7	2.4	26.1
	下线 c	4.4	-0.9	5.3	4.4
		Q0	Q1	Q2	Q
越南学生（男）f	上线 a	100	7	6.9	13.9
	中线 b	57.7	-5.9	20.6	14.7
	下线 c	15.5	-18.8	34.3	15.5
中国学生（女）	上线 a	100	12	-3	9
	中线 b	66.5	10.5	10.5	21
	下线 c	33	9	24	33
中国学生（男）	上线 a	100	9	5	14
	中线 b	65.5	4	18.5	22.5
	下线 c	31	-1	32	31

Q 值表示全句的起伏度。表 2.3 中，中国学生的 Q 值全部都是正数，说明中国学生汉语陈述句的音高从整体上是下倾的，且中国男生和中国女生的数据比较接近。6 名越南留学生发音人中，越南女生 b 和越南男生 d 的 Q 值出现负值，说明这两人汉语陈述句的音高整体上并不是下倾的。

中国学生的句首调域上限都是 100，下限为 30 左右。除了越南男留学生 d 句首调域调域为 75.1 外，其他越南留学生句首调域调域的上限也为 100，但是越南留学生句首调域的下限在 5 到 16 之间，数值较低，且个体差异较明显。

六、越南语语调对学习汉语陈述句语调的影响

陈翠珠（2006）对越南语语调进行实验分析，我们将该文中使用的音高赫兹值，转换为半音值后的结果见下表（表 2.4）：

表 2.4 陈翠珠越南语语调数据

(St)	最高点	最低点	总调域
句1	29.15	23.32	5.83
句2	28.64	21.88	6.77
句3	31.46	23.32	8.14
句4	29.63	20.3	9.33

句5	30.57	24.65	5.92
句6	28.64	17.63	11.01
平均值	29.68	21.85	7.83

结合陈翠珠的 6 个实验句，我们对比了越南语和汉语陈述句语调的数据，将结果整理如下（表 2.5）：

由表 2.5 可知，越南语的语调的总调域小于汉语的语调。但是为什么越南留学生的汉语语调总体大于汉语母语者呢？我们猜想可能是因为越南留学生的母语为有声调语言，所以他们可以更好地理解汉语的声调，但是他们对汉语声调的理解并不等同于他们可以完全理解汉语语调。汉语声调和语调并不是简单叠加的关系，汉语语调的表现跟句法和语义等多个语言层面密不可分，在语流中又受到边界调、焦点调等的影响。所以越南留学生在说汉语句子时，出现了将母语中的声调知识过度演绎运用的情况，使得他们汉语语调的调域，无论是分调域还是总调域总体都大于汉语母语者的，这也是越南留学生汉语调域显著不同于母语为无声调语言的留学生的一点。

表 2.5 越南语和汉语陈述句语调的数据

	最高点	最低点	总调域	注
句1	横	玄	越南语陈述句总调域全部小于汉语母语者的汉语陈述句的总调域（11.1）	1. 越南语声调共有 6 个（横声 33；玄声 22；问声 212；跌声 325；锐声 335；重声 21），文中所用例句没有重声字和问声字，所以调域下限多由玄声承担，上限由横声、锐声和跌声共同承担（句 2 例外）； 2. 调域上线和下线出现在句首、句中句末的都有，没有一致性规律。
句2	玄（末字）	玄		
句3	锐	锐（末字）		
句4	横（首字）	玄（末字）		
句5	横（首字）	问/锐		
句6	跌	横		

第二节　越南留学生汉语陈述句停延率

一、字停延率的表现

运用停延率的计算公式，对 6 名越南留学生四个声调汉语陈述句的字停延率分别进行了计算，并将结果在柱形图中表示出来，以便清晰、直观地反映不同声调语句的字长表现。

（一）阴平句

图 2.15 是越南留学生汉语阴平句"张中斌星期天修收音机。"的字停延率的柱形图，图 2.16 是对照组汉语母语者阴平句字停延率柱形图。

由图 2.16 可知，汉语母语者阴平句的韵律边界前，即句中三个韵律词的最后一个音节，都被延长了；韵律边界后，第 7 个音节发生了轻微延长（不具有普遍意义）；全句边界前的最后一个音节，发生了延长；韵律词中间的音节均无延长；全句音长最短的音节为句中韵律词中间的"期"（第 5 个音节），最长的是全句边界前最后一个音节"机"（第 10 个音节）。句首音节接近 1。

由图 2.15 可知，韵律边界前：6 个越南留学生汉语陈述句句中三个韵律词的最后一个音节都被延长了。韵律边界后：第 7 个音节，6 个越南留学生全部发生了延长，且停延率较大。韵律词中间的音节：发音人 a 第 2 个音节延长。全句最短的音节：第 5 个音节（a、e、f），第 9 个音节（b、c、d），同为韵律词内部的音节。全句最长的音节：第 10 个音节（无）；第 7 个音节，即动词（a、b、c、d）；第 6 个音节，即句中韵律词的末字（e、f）。全句首音节：发音人 a、e、f 发生延长，且发音人 b 全句首音节接近 1。

（二）阳平句

图 2.17 是越南留学生汉语阳平句"吴国华重阳节回阳澄湖。"的字停延率的柱形图，图 2.18 是对照组—汉语母语者阳平句字停延率柱形图。

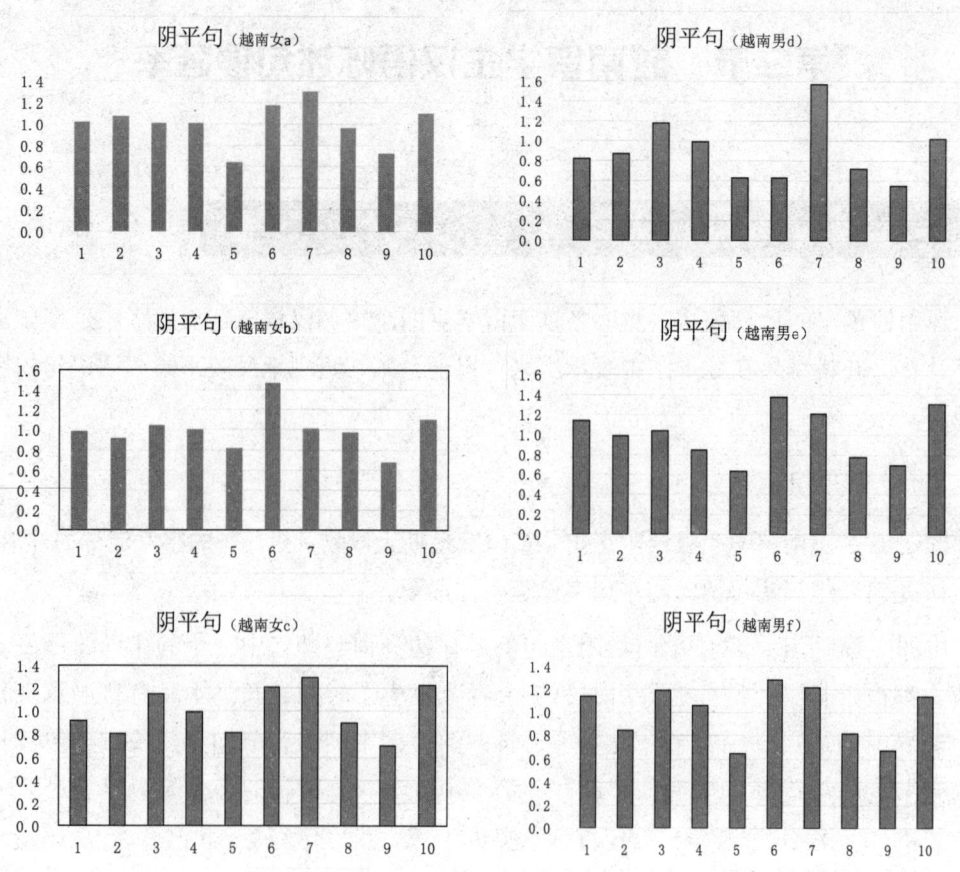

图 2.15 越南留学生汉语陈述句阴平句字停延率

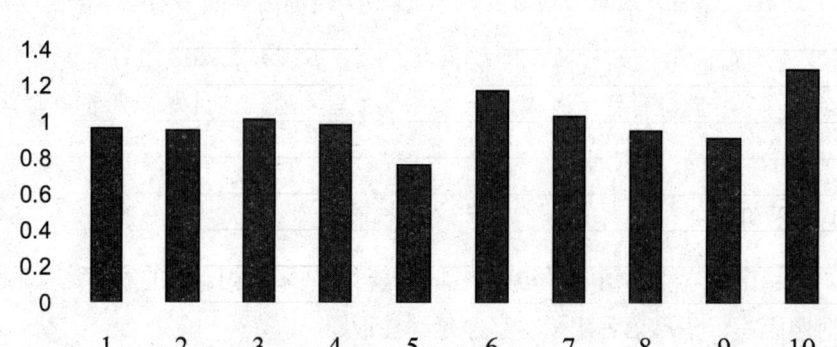

图 2.16 汉语母语者陈述句阴平句字停延率

由图 2.18 可知，汉语母语者阳平句韵律边界前，即句中三个韵律词的最后一个音节均延长；韵律边界后的第 4 和 7 个音节没发生延长；全句边界前的最后一个音节均发生了延长；韵律词内部的第 9 个音节，发生延长，但不是普遍规律。全句最大停延率出现在全句最末字"湖"上，最小停延率出现在第 5 字"阳"上。另外，与阴平句不同的是，全句第一个音节的停延率很小。

由图 2.17 可见，韵律边界前：音节 10 没延长的（a、b、d、f、g）。韵律边界后：第 4 个音节发生延长的（a、b、f），第 7 个音节发生延长的（b、c、d、e、f）。韵律词中间的音节：发音人 b、g、f 第 8 个和第 9 个音节延长；发音人 c 第 8 个音节停延率为 1。全句最短的音节：第 1 个音节 [a（第 1 个和第 2 个停延率相等，均为全句最小）、b、c]；第 2 个音节（a、d、e、f）。全句最长的音节：第 3 个音节（a、c）；第 6 个音节（b、d、e、f）。

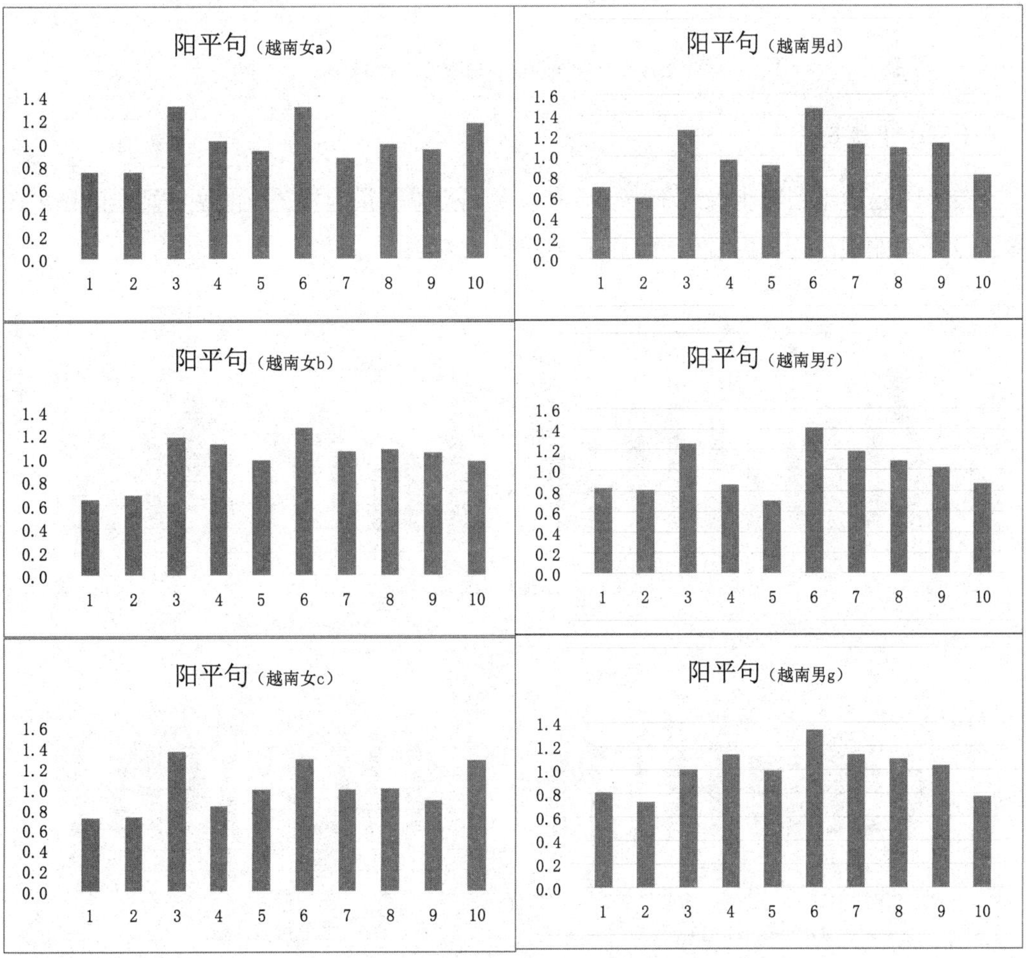

图 2.17 越南留学生汉语陈述句阳平句字停延率

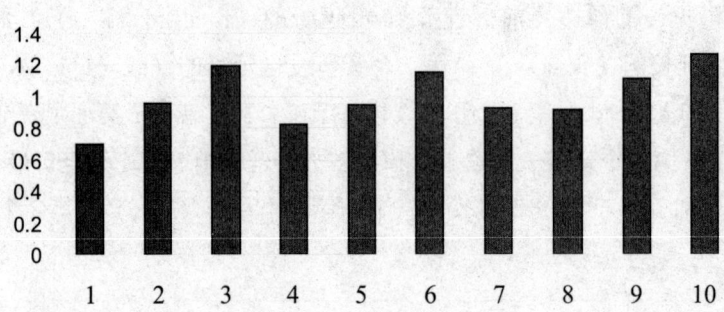

图 2.18 汉语母语者陈述句阳平句字停延率

（三）上声句

图 2.19 是越南留学生汉语上声句"李小宝五点整写讲演稿。"的字停延率的柱形图，图 2.20 是对照组汉语母语者上声句字停延率的柱形图。

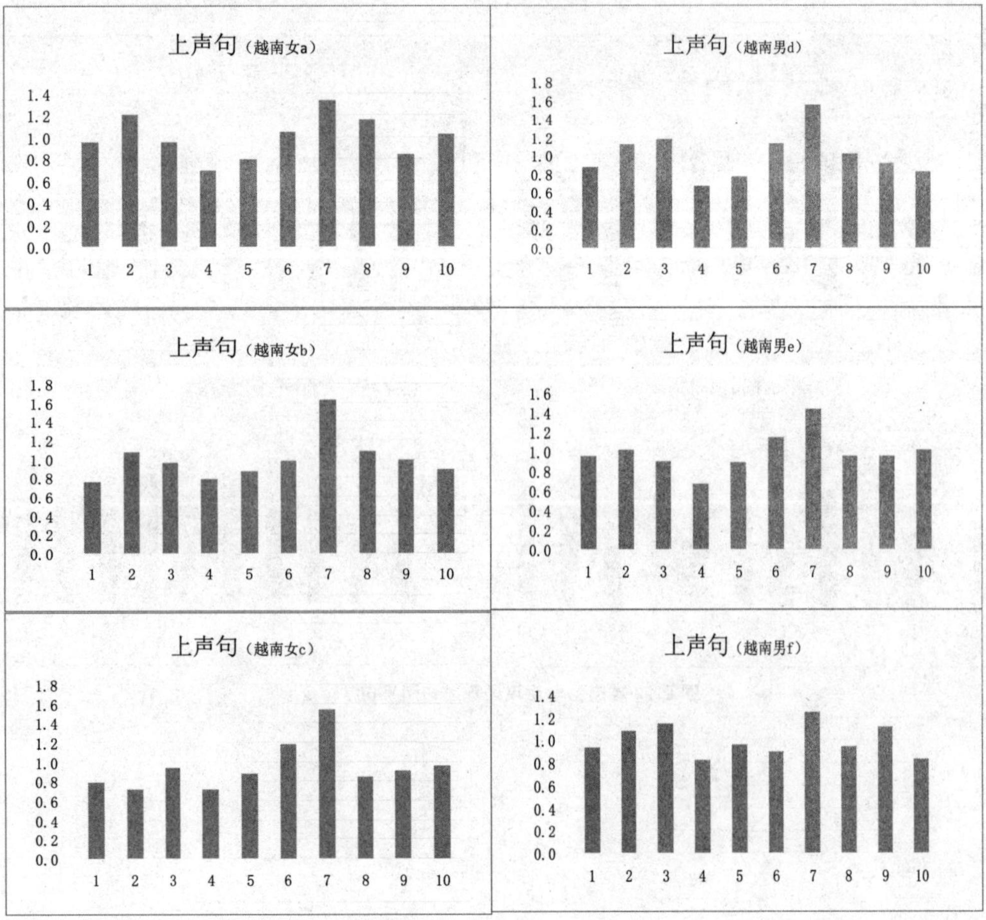

图 2.19 越南留学生汉语陈述句上声句字停延率

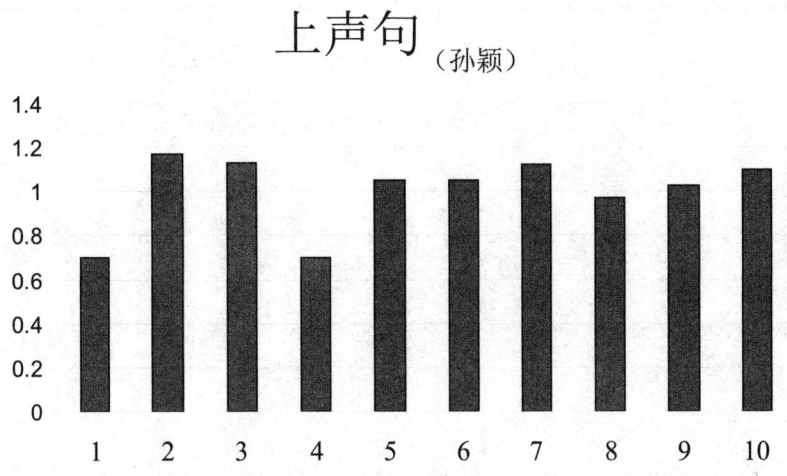

图 2.20 汉语母语者陈述句上声句字停延率

由图 2.20 可知，汉语母语者上声句韵律边界前，即句中三个韵律词的最后一个音节发生了延长；韵律边界后的第 4 个音节未延长，第 7 个音节延长；韵律词中间的第 2、第 5 和第 9 个音节均有停延；阴平句的第 7 个音节，阳平句的第 9 个音节，上声句的第 2 个、5 个、7 个、9 个音节也发生了延长，但这些音节的时长表现并没有在四个声调语句中的相同位置上表现出一致性和规律性，仅为个例表现，时长延长在这些位置上并不具有普遍意义。全句停延率最大值出现在第 2 个音节"小"上，最小停延率出现在第 1 和第 4 字(0.7)上。全句边界前的最后一个音节发生了延长。全句第一个音节未发生延长。

由图 2.19 可知，越南留学生上声句韵律边界前：发音人 a，第 3 个音节没延长；发音人 b 第 3 个、第 6 个和第 10 个音节均没延长；发音人 c 第 3 个和第 10 个音节没有延长；发音人 d 第 10 个音节没有延长；发音人 e，第三个音节没有延长；发音人 f 第 6 个和第 10 个音节没有延长。韵律边界后：第 4 个音节均未发生延长；第 7 个音节均发生延长。韵律词中间的音节：发音人 a、b、d 第 2 和第 8 个音节延长；发音人 e 第 2 个音节延长；发音人 f 第 2 和第 9 个音节延长。全句最短的音节：除发音人 b 外，最短音节都出现在第 4 个音节上。全句最长的音节：6 个发音人最长音节都是第 7 个音节，即动词。

（四）去声句

图 2.21 是越南留学生汉语去声句"赵树庆毕业后到教育部。"的字停延率的柱形图，图 2.22 是对照组汉语母语者去声句字停延率的柱形图。

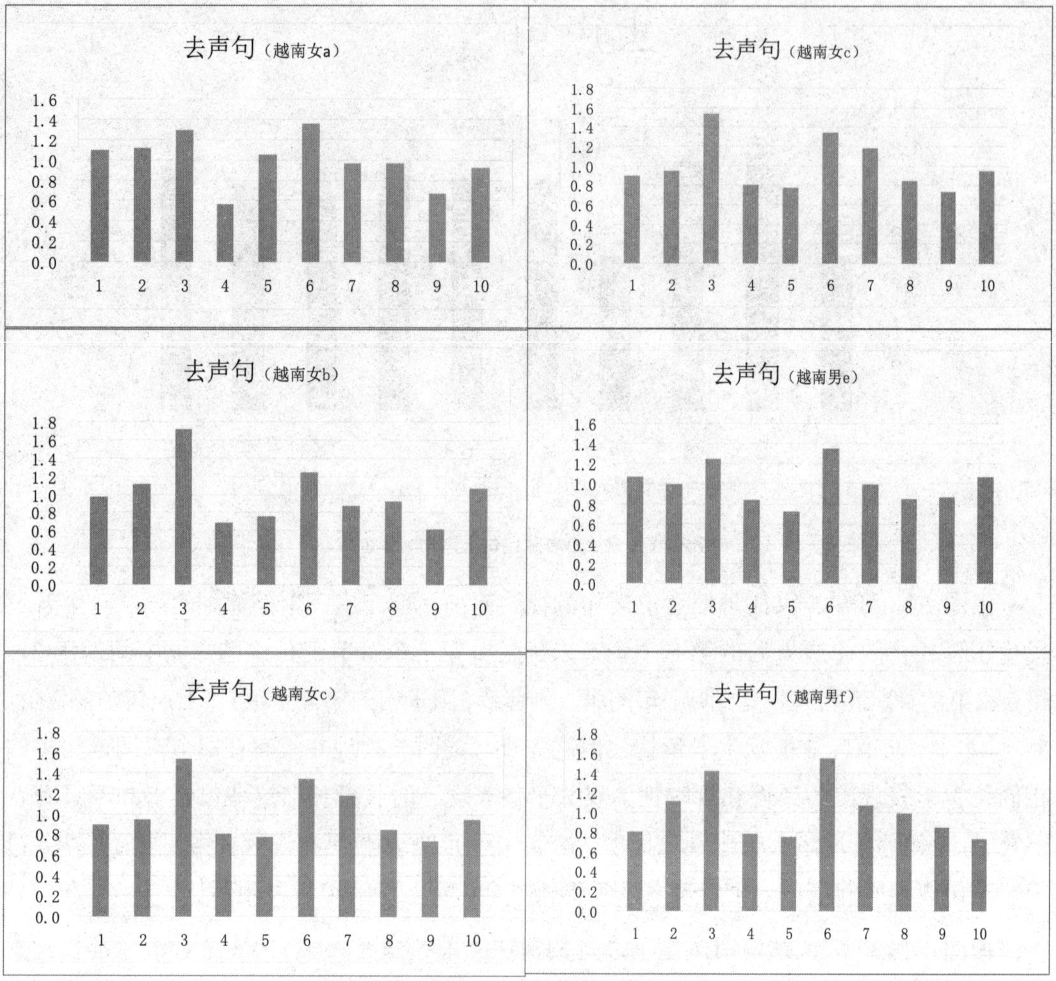

图 2.21 越南留学生汉语陈述句去声句字停延率

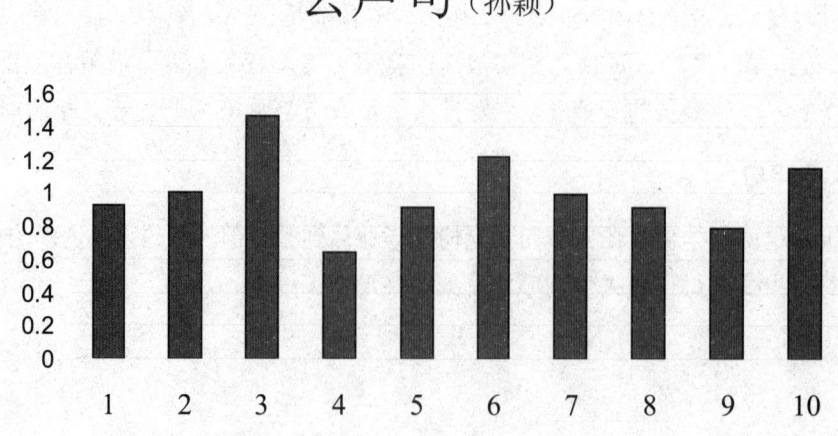

图 2.22 汉语母语者陈述句去声句字停延率

由图 2.22 可知，汉语母语者去声句韵律边界前，即句中三个韵律词的最后一个音节发生了延长；韵律边界后的第 4 个音节未延长，第 7 个音节停延率接近 1；全句边界前的最后一个音节发生了延长。全句最大的停延为第 3 个音节"庆"，最小的停延为第 4 个音节"毕"；全句第一个音节没有发生延长。

由图 2.21 可知，越南留学生韵律边界前：音节 10 没延长的（a、c、d、f）。韵律边界后：和汉语母语者一样 6 个越南留学生第 4 个音节均为延长；发音人 c、d、f 第 7 个音节发生延长，且发音人 e 第 7 个音节的停延率接近 1。韵律词中间的音节：发音人 a、d、f 第 2 个音节延长。全句最短的音节：第 4 个音节（a、d）；第 5 个音节（e、f）；第 9 个音节（b、c）。全句最长的音节：第 3 个音节（b、c、d）；第 6 个音节（a、e、f）。全句首音节：发音人 a、e 发生延长。

二、词停延率的表现

越南留学生汉语陈述句的习得在字长方面表现出一些不同于汉语母语者的特点，那在词长方面又有什么特点呢？

对汉语母语者而言，各个语句韵律词相对词长最长的部分不太一致。从整体上看，句末韵律词没有发生延长。不同声调语句内部词长表现的这种差异性是可以理解的，相对词长反映了词长的整体表现，它的大小与韵律词内部各音节的结构特点、音节数量、发音人发音方式等多种因素相关，这种变量的多重性会导致结果的差异性。但是，句中韵律词在四个声调语句中的表现一致，相对词长均小于 1，韵律词整体上没有发生延长，这可能和韵律词在句子中所处的位置相关，与处于边界处的（边界前或边界后）句首、句末韵律词相比，句中的韵律词突出韵律边界的责任较小。

越南留学生汉语陈述句中的动词在四个声调的语句中表现一致，均延长；句中韵律词在阳平句中略有延长。见表 2.6 和表 2.7。

表中黑体的数字表示停延率大于或等于 1，该韵律词发生延长。下划线标出句内词长最长的部分，下同。

表 2.6 越南留学生汉语陈述句词停延率

VN	句首韵律词	句中韵律词	动词	句末韵律词
阴平	1.01	0.96	<u>1.27</u>	0.89
阳平	0.89	<u>1.08</u>	1.05	1.01
上声	0.97	0.88	<u>1.45</u>	0.96
去声	<u>1.17</u>	0.95	1.06	0.85

表 2.7 汉语母语者汉语调陈述句词停延率

CHN	句首韵律词	句中韵律词	动词	句末韵律词
阴平	0.97	0.97	1.03	<u>1.05</u>
阳平	0.95	0.97	0.93	<u>1.1</u>
上声	1	0.93	<u>1.12</u>	1.03
去声	<u>1.13</u>	0.92	0.99	0.95

我们再来看一下四个声调句子的平均值有什么表现（见表2.8、表2.9）。为了更直观，我们将四个声调的句子词停延率的数据绘制成柱形图（见图2.23、图2.24）。

表 2.8 越南留学生汉语陈述句词停延率

VN	句首韵律词	句中韵律词	动词	句末韵律词
平均值	1.01	0.97	<u>1.21</u>	0.93

表 2.9 汉语母语者汉语陈述句词停延率

CHN	句首韵律词	句中韵律词	动词	句末韵律词
平均值	1.01	0.95	1.02	<u>1.03</u>

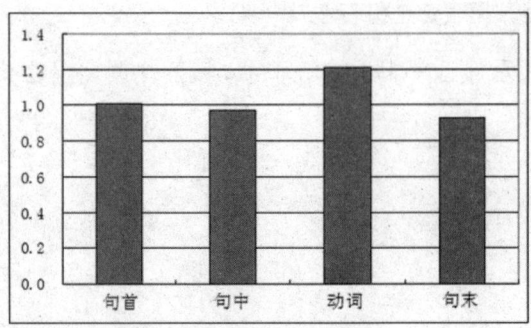

图 2.23 越南留学生汉语陈述句词停延率

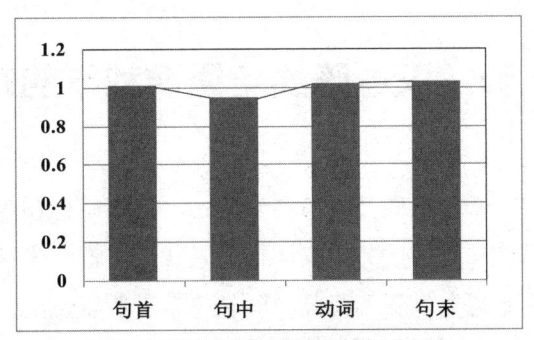

图 2.24 汉语母语者汉语陈述句词停延率

由表 2.9 和图 2.24 可知，汉语母语者的汉语陈述句的词长分布均匀，句末韵律词的时长最长，句中韵律词较短。词长的最大差值为 8%（0.95～1.03），说明自然焦点句的词长差异并不明显。

由表 2.8 和图 2.23 可知，动词的时长最长，发生延长；句末韵律词较短，没有发生延长。词长的最大差值为 28%（1.21～0.93）。

通过对比越南留学生和汉语母语者汉语陈述句词停延率的数据可知：

1. 母语者的词长分布均匀，越南留学生的词长分布起伏相对较大。越南留学生汉语陈述句词长的最大差值为 28%，汉语母语者的为 8%。

2. 越南留学生动词的时长最长，发生延长；句末韵律词词长最短，汉语母语者句末韵律词的时长最长，句中韵律词最短。

三、汉语陈述句停延率偏误分析

以上我们分析了越南留学生汉语陈述句停延率的特点和偏误，那么产生这些特点和偏误的原因是什么呢？我们结合这 6 名越南发音人的语调调域图来分析。我们对比上文（P26）图 2.9 和图 2.10 越南留学生汉语陈述句句末调域字音调域图，结合这 6 名越南留学生句末调域字音调域图来分析，句末调域中，发音人 a，动词的上线承担句末调域上限；发音人 b，动词同时承担句末调域的上限和下限；发音人 c 和 d，动词的下线承担句末调域的下限。对于末字音节，只有发音人 d 句末调域末字的上线和下线承担了全句调域的上限和下限。

在越南留学生汉语陈述句中，动词在调域上的负担量很重，可见越南留学生很重视动词的发音，在发音时有意无意地强调动词。但是语句末字没有得到应有的重视，在一句话即将结束时草草了事，在音高上体现为字调域偏窄，且上线不高，下线不低，在音长上体现为停延率大多小于 1，没有发生延长，句末韵律词的停延率为全句停延率中最小的。

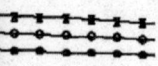

第三节 汉语陈述句语调教学的对策

前文的研究表明越南学习者即使到了高级阶段，已经可以和中国人做自由流畅的交流，但是依然存在所谓的"越南腔"。汉语语调是建立在汉语声调基础上的，其表现又跟句法和语义等层面密不可分，受到音高、时长等多种因素影响，很多越南留学生虽然能很好地掌握单字调，但是在连读语句中就立刻显露出"越南腔"，这主要是因为留学生们没有很好地掌握汉语语调。

本章运用语调格局的方法和停延率的方法，分析了越南留学生汉语陈述句语调在音高和时长两个方面的规律和特点，并跟汉语母语者的语调特点做了对比分析，本节将针对越南留学生汉语陈述句语调的偏误和特点，提出一些教学对策。

首先，针对越南留学生汉语语调"石化"的现象，我们意识到，在对外汉语教学中，要加大对语调教学的重视，将汉语语调教学贯穿于对外汉语教学的始终。

语调的概念与表现也许对到了高级阶段的留学生来说也未必能完全理解，但是语调的意识却要从留学生刚开始接触汉语时就灌输给他们。他们可以不理解汉语语调的具体概念与定义，但是汉语语调的教学却应贯穿于汉语教学的各个阶段，潜移默化地让留学生熟悉并掌握汉语语调。

因为考虑到汉语语调本身较复杂，初、中级阶段的留学生如果不能很好地掌握汉语声调，或是不能很好地理解发音材料的意义，只是单纯看音读字或者"一字一顿"，会对本次的实验结果有影响。所以本文的发音人都是汉语水平为高级的越南留学生。本次实验也测量了6位发音人的单字调，我们发现，6位发音人汉语单字调的发音都比较标准，虽然也存在将阴平和去声相混淆等情况，但是可以看出他们能意识到自己在阴平和去声发音上的偏误，在尽力克服。但是在语调实验中，各种声调偏误频繁出现，在讲求流利度的同时，不能兼顾语调的准确性，"洋腔洋调"的现象也就产生了。

语调教学是不能一蹴而就的，应该从初级阶段开始渗透，贯穿于对外汉语语音教学的始终。在课时安排上，可以增加语调训练课的课时，或将语调训练穿插到日常课堂教学中。其实大多数汉语教师在设计教案的时候，会安排课文操练的环节，其中也有朗读课文的训练，朗读课文是一种很好的培养语感的方法，让学生们在朗读中体会汉语语调的抑扬顿挫。但是在实际教学中，词汇的操练和语言点的操练往往会占据课堂的大部分时间，也是汉语教师最为重视的环节。所以在课文操练环节，教师们通常会"牺牲"集体朗读课文的时间，以换取更多的词汇和语言点操练的时间。

其次，重视语调教学，加大语调教学的力度，还要从教材的编写和课堂训练的设计入手。

汉语声调的教学无论是在教材的编写还是在教案的设计上都已经比较完备,虽然各方对声调的调值和教法还各执一词,但基本上每本汉语教材、每位汉语教师都将汉语声调教学放在一个很重要的位置上,对于汉语声调教学都有自己的一套体系。但是提到汉语语调教学,大家还是感到比较抽象,很多汉语教材和汉语教师都回避这个问题。但汉语语调又是造成留学生"洋腔洋调"现象的重要原因之一,所以应该从教材的编写和课堂训练的设计入手,规范和强化汉语语调教学。例如,针对母语为有声调语言和无声调语言的留学生汉语陈述句语句调域的不同偏误特点,可以采用不同的训练方法。母语为无声调语言的留学生(例如美国、日本、韩国)汉语陈述句语句调域偏窄,所以我们可以夸大一下语调的幅度,加强他们对汉语语调的认识和敏感度;而越南、泰国等母语为有声调语言的留学生,他们汉语陈述句语句调域偏宽,我们可以告诉他们汉语语调的起伏度没有那么大,上声在语流中并不会发成饱满的"214",只是一个低平调"21"或"22",去声也并不总是完整的去声,前字是去声时,去声只发成"半去"……这些在连读中才会出现的调值,是语调教学的基础,但是大多数教材只是提到"上上连读,前上变阳平"等变调规则,并没有将上文提到的这些在语流中受到边界调等多种因素影响才会出现的变调现象教给学生。很多教师或是因为怕学生出现畏难情绪,或是自身水平受限,他们并不会将这些语流中的变调教给学生。所以今后在对外汉语教学中,汉语教师应该少教单字调,多教连读调。

举一个我在教学中的例子,以前我们是用词卡教学,如果词卡上是"越"字,老师带学生读三遍"越"后,进行操练,第二个词卡是"发展",老师带学生读三遍"发展"后,再进行操练,在操练过程中,也许会用到"发展越来越快",但是一般在操练过程中,教师只会纠正学生个别发音不准的字或词,很少会纠正一个较长连读组的发音。现在是把五六个相关的词或语言点放在一张词卡上,"发展"和"越"在一张词卡上,带领学生分别读完了"发展"和"越"后,再带领学生读三遍"发展越来越快"。本人觉得这种把相关词语和语言点组合在一张词卡上呈现给学生的方法,不仅有利于学生更好地习得汉语语调,对词语的记忆和运用都有很好的帮助。

最后,在重视音高对语调影响的同时,也要重视音长等对语调产生影响的因素。虽然越南留学生对汉语陈述句音长的习得总体好于音高上的习得,但还是存在着"夸张动词"和"虎头蛇尾"等现象。所以教师在课堂操练的时候要注意,不要过分强调动词,说一句话的时候不能"虎头蛇尾",因为语句末字在语调中起到很重要的作用。汉语陈述句语调在时长上的表现,可以不用编入教材,教师在课堂上也可以不用强调,但是教师自己一定要认识到,音长对于语调的重要性,针对越南留学生汉语陈述句时长偏误的特点,在课堂操练和平时交流的过程中尽量不要"夸张动词"和"虎头蛇尾"。

第四节　小结

本章采用语调格局和停延率的方法,通过实验分析了越南留学生汉语陈述句语调的表现,对6位发音人汉语陈述句的语料进行对比分析。

在音高方面,从语句总调域、分调域(包括句首调域、句中调域和句末调域)以及语句内部的字音调域和"起伏度"四方面,将越南留学生汉语陈述句语调都跟汉语母语者进行了分层对比分析,考察了越南留学生汉语语调偏误产生的原因及特点,得到如下结论:

1.越南留学生的陈述句调域比汉语母语者更宽。且分域调域较宽,句首、句中和句末调域间没有依次下倾的表现。

2.句末调域没有和语句调域呈现出同构性,没有下倾的表现;末字的字音调域不是句末调域中最大的。

3.通过起伏度对比可知,整体音高并不是下倾的。

在时长方面,经过SPSS单因素方差分析,6个越南留学生汉语陈述句停延率数据在95%的可信区间内,与汉语母语者没有显著差异,可见,越南留学生汉语陈述句停延率习得较好。

经过对比越南留学生与汉语母语者汉语陈述句字停延率和词停延率可知,越南留学生汉语陈述句的时长有如下表现:

1.越南留学生第7个音节,即动词,均发生延长,且其具体数值无论是在阴平句、阳平句、上声句还是去声句中均大于汉语母语者的。

2.越南留学生全句边界前的最后一个音节,没有延长(阴平句除外)。

3.汉语母语者韵律词内部各个音节的时长表现均为韵律词末音节的时长最长,越南留学生没有呈现出这种规律。

4.母语者词长分布均匀,越南留学生词长分布起伏相对较大。

5.越南留学生动词的时长最长,发生延长;句末韵律词词长最短,汉语母语者句末韵律词的时长最长,句中韵律词最短。

虽然越南留学生在汉语语调时长上的习得总体好于他们在音高上的习得,但还是存在着"夸张动词"和"虎头蛇尾"等现象。

汉语语调与字调相关,又与句法、语义甚至语用等多个因素相关。考虑到汉语语调的复杂性，初、中级的留学生不能很好地理解汉语语调，可能出现将语调等同于字调，或是不考虑语义，出现"看字读音"或"一字一蹦"的现象，所以本文只选取了高级阶段的留学生，但是这些语调上的偏误，使得这些越南留学生明明已经到了高级阶段，能自由地和中国人进行交流，但是始终去不掉"越南腔"。针对越南留学生汉语陈述句语调的偏误和特点，我们提出了一些教学对策：

首先，要加大对语调教学的重视，将汉语语调教学贯穿于对外汉语教学的始终。

其次，重视教材的编写和课堂的设计，从各国留学生汉语陈述句语调偏误的特点和规律入手，做有针对性的教学。

最后，在重视音高对语调影响的同时，也要重视时长等对语调产生影响的因素。

第三章 越南留学生汉语疑问句语调的实验研究

上文分析了越南留学生汉语陈述句语调习得的情况,对越南留学生汉语陈述句语调在音高和时长方面的特点有了一定了解,总结了偏误规律并分析了偏误产生的原因。下文分析越南留学生汉语疑问句语调习得的情况,以期全面了解越南留学生汉语语调的习得情况。

第一节 越南留学生汉语疑问句语调格局

图 3.1 和图 3.3 分别是越南女生和越南男生汉语疑问句的调域图(图 3.2 和图 3.4 为对照组:中国学生汉语疑问句的调域图)

一、全句调域(总调域)的对比

对比图 3.1 和图 3.3 以及对照组——中国学生汉语疑问句调域图中的调域宽度,我们可以看出,越南留学生的汉语疑问句语调和汉语母语者的在全句调域上存在着差异。与中国女生相比,越南女生汉语疑问句语句调域上限更高,下限更低,三个越南女生汉语疑问句调域均宽于中国女生;与中国男生相比,三个越南男生汉语疑问句的调域上限和下限均低于中国男生的,且语句调域均小于中国男生的。见表 3.1。

表 3.1 越南留学生与中国学生汉语疑问句语句调域对比

	越南学生(女)a	越南学生(女)b	越南学生(女)c	中国学生(女)	越南学生(男)d	越南学生(男)e	越南学生(男)f	中国学生(男)
半音值(St)	14.4	23.4	14.45	12.7	13.83	17.55	18.6	19.7
分布区间(St)	14.25~28.6	7.97~31.37	14.59~29.05	15.2~27.9	4.64~18.48	7.11~24.65	6.93~25.537	7.6~27.3

二、分调域的对比

表3.2是越南留学生和中国学生分调域的半音数据和以半音数据为基础得到的百分比数据的对比。

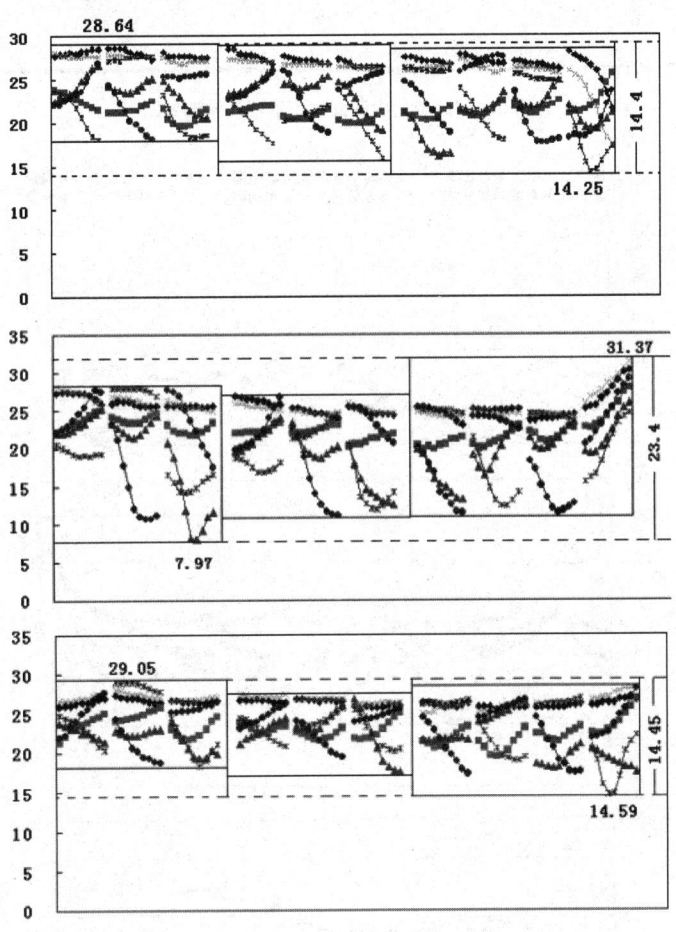

图3.1 越南女生汉语疑问句调域图

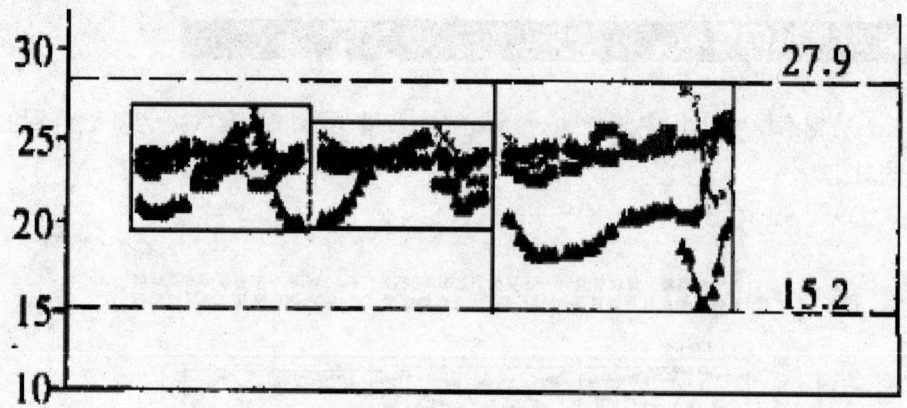

图 3.2 对照组：中国女生汉语疑问句调域图

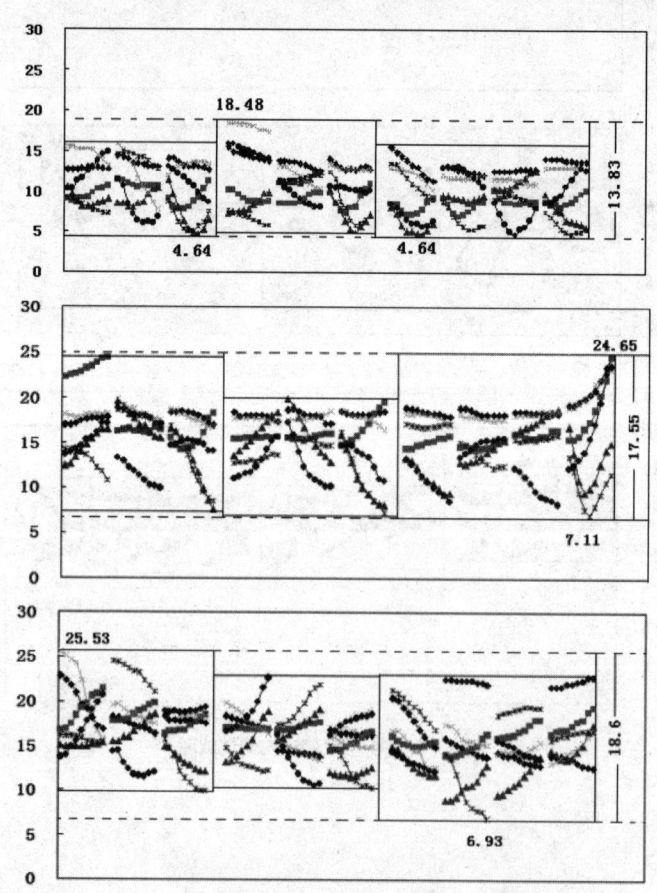

图 3.3 越南男生汉语疑问句调域图

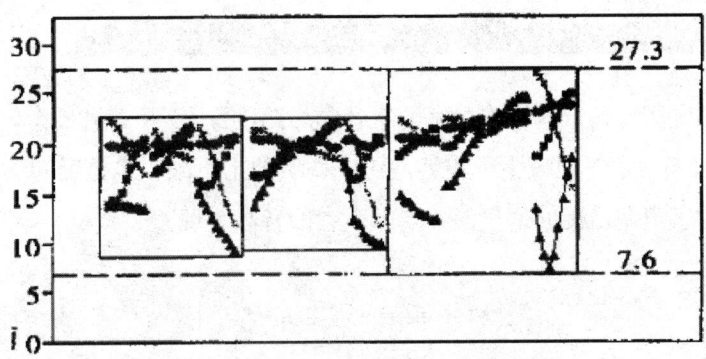

图 3.4 对照组：中国男生汉语疑问句调域图

汉语母语者汉语疑问句各分调域的提升跟语句调域的整体提升是相一致的，句末调域跨度最大，显著大于句首调域和句中调域，且百分比跨度达到语句调域的 100%，句末调域最大化扩展。越南留学生汉语疑问句的各分调域普遍大于中国学生的。另外中国学生汉语疑问句的句末调域最大化扩展，但越南留学生却没有类似的表现（只有男发音人 e 除外，句末调域跨度达到 100%，最大化扩展）。见表 3.2。

表 3.2 越南学生和中国学生疑问句分调域对比

	半音（St）			百分比（%）		
	首	中	末	首	中	末
越南学生（女）a	10.54	12.57	13.88	73.2	98.8	96.4
越南学生（女）b	20.21	15.69	19.91	86.4	67.1	85.1
越南学生（女）c	10.3	6.87	13.74	74.4	67	95.1
越南学生（男）d	11.7	13.63	10.85	80.8	98.5	66
越南学生（男）e	16.7	12.52	17.55	95.1	71.3	100
越南学生（男）f	15.65	12.29	15.76	84.2	66.1	84.7
中国学生（女）	6.6	5.3	12.7	52	42	100
中国学生（男）	13.2	12.4	19.7	67	63	100

三、字音调域的对比

汉语普通话疑问句句末调域中后字的字音调域跨度最大,是调域最大化扩展的源头,这样疑问句中句末后字的调域上下线就是句末调域的上下限,也是疑问语句的调域。这就是句末调域后字声调是疑问语气的主要承载者的音高表现。

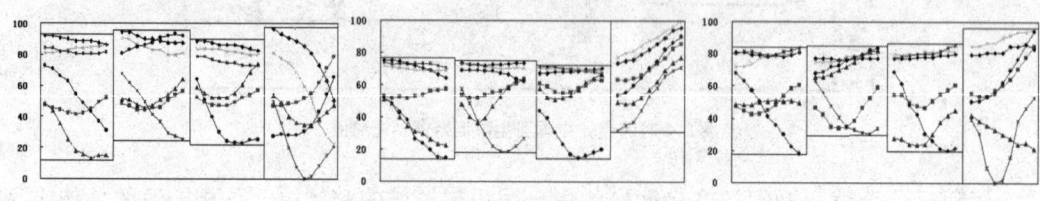

图 3.5 越南女生疑问句句末字音调域图

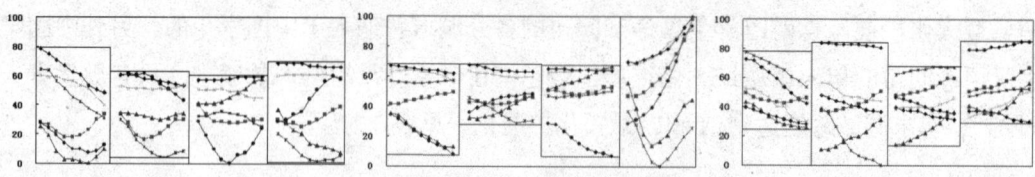

图 3.6 越南男生疑问句末字音调域图

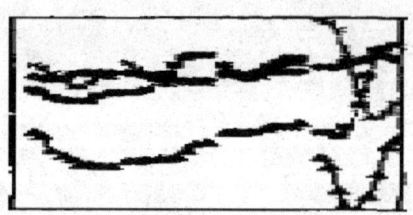

图 3.7 对照组:中国女生疑问句末字音调域图

图 3.8 对照组:中国男生疑问句末字音调域图

通过图 3.5 和图 3.7 的对比可知,在字音调域上,中国女生的调域上限由去声调承担,调域下限由上声调承担,并且句末调域后字的上下线就是全句调域的上下限。而越南女生字音调域呈现的情况却不尽相同:越南女生 a 的句末调域后字的调域上线由阴平调承担,虽然不是全句调域的上限,但是句末调域的上限,且与全句调域的上限相差不大。句末调域后字的下线也是全句调域的下限,由上声调承担;越南女生 b 的句末调域末字调域的上线也是全句调域的上限,由去声调承担。但是她句末调域末字的下限虽然也由上声调承担,但却很高,甚至是句末调域中,字音调域下线最高的一个;越南女生 c 的句末字音调域的上线和下线同时也是全句调域的上限和下限，调域上限由去声调承担，调域下限由上声调承担。

在调型上，中国女生句末调域中后字的调型基本不变，保持单字调时的原有调型，但是上声调与在语流中是低平调不同，在无标记疑问句句末后字的位置上，上声调呈现出曲折调的形态，先降后升。越南女生 a 的阴平句中句末调域中的后字发成一个降调，可见"阴去不分"这个越南留学生的通病或说是痼疾，在语调的各个层面上造成了他们的"越南腔"。阳平句、上声句和去声句的后字的调型基本标准，与中国女生相差不大；越南女生 b 在疑问句句末后字上存在很大问题，无论原字是什么声调，只要在句末调域后字的位置上，她统统都把它发成一个上升的调子，这表示她没能掌握汉语普通话无标记疑问句的发音方法，或者说她没能理解汉语疑问句语调。越南女生 c 在调型上存在的问题与越南女生 a 相似，同样犯了阴去不分的毛病，但是与 a 不同的是，c 的问题出现在去声调上，将本该是降调的去声调，发成一个微升的调子。

通过图 3.6 和图 3.8 的对比可知，在字音调域上，中国男生与中国女生一样，其调域上限由去声调承担，调域下限由上声调承担，并且句末调域后字的上下线就是全句调域的上下限。越南男生 d 的句末调域后字的上限由阴平调承担，但其句末调域后字的上限不是全句调域的上限，甚至不是句末调域的上限，其下限由上声调承担，同时也是全句调域的下限；越南男生 e 句末调群后字的上线和下线同时也是语句调域的上限和下限，其上限由阴平调承担，下限由上声调承担；越南男生 f 句末调群后字的上线和下线都不是语句调域的上限和下限，且上限由阳平调（2A f 句）承担，下限由阴平调承担。

在调型上，与中国女生的情况相同，中国男生句末调域中后字的调型基本不变，保持单字调时的原有调型，只有上声调是先降后升的曲折调。越南男生 e 去声句中句末调域中后字发成一个平调，上声调发成一个降调；越南男生 e 存在的问题和越南女生 b 相似，他除了两个上声调（2A c 句和 2A e 句）是曲折调，其他都为升调；越南男生 f 句末调群后字的声调完全是混乱的，将本该是平调的阴平调，发成一个微降调，将本该是降调的去声调发成一个升调；将本该是升调的阳平调发得近乎一个平调(2A f 句)。但是这种升调完全混乱的情况在无标记疑问句的句首调域和句中调域中都没有出现，在该发音人的陈述句句末调域后字中也没有出现。这说明该发音人既掌握了单字调，也基本掌握了汉字在语流中的发音，但是对于无标记疑问句这种需要靠后字调域提升（包括调域的提高和调域的扩展两方面）来完成疑问语气的方式依然感到无所适从。

四、起伏度的对比

语调关注的是各个成分波状曲线的起伏格式和起伏程度，汉语普通话疑问句语调主要表现为两个特征,调域提高和调域扩展。调域提高包括语句调域上线和下线的整体升高,各调域上线和下线的提升,其中句末调域上线提高的幅度要显著大于下线。调域扩展包括全句调域的扩展,特别是句末调域的最大化扩展达到全句调域的跨度。

越南留学生汉语疑问句存在的问题主要存在于两方面,一是句末调域的跨度和音高,二是句末调域后字的调型。一部分越南留学生虽然依然存在"阴去不分"的固有问题,但是因为能较好地通过提高和扩展句末调域来形成疑问语气,所以听上去比较自然;还有一部分越南留学生用改变句末后字调型(全部读成升调)的方法来营造所谓的疑问语气,听感上很不自然,"洋腔洋调"的味道很重。

图 3.9 和 3.11 分别是越南女生和中国女生汉语疑问句起伏度图。

图 3.10 和 3.12 分别是越南男生和中国男生汉语疑问句语调起伏度图。

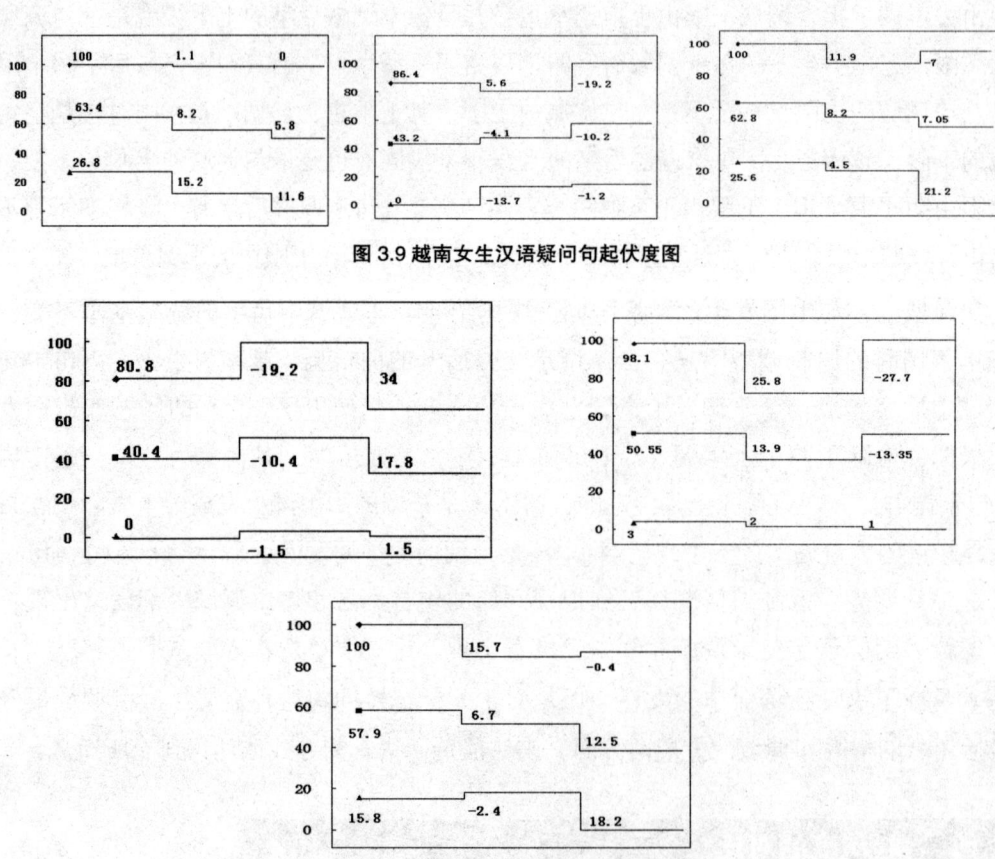

图 3.9 越南女生汉语疑问句起伏度图

图 3.10 越南男生汉语疑问句起伏度图

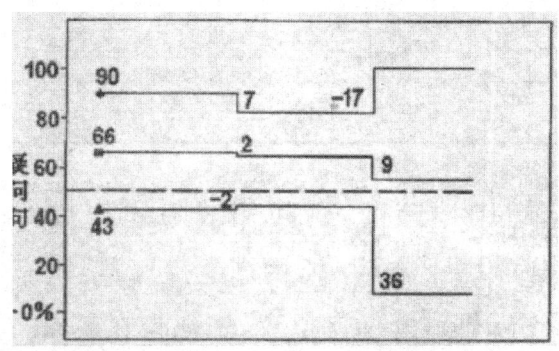

图 3.11 对照组：中国女生汉语疑问句起伏度图

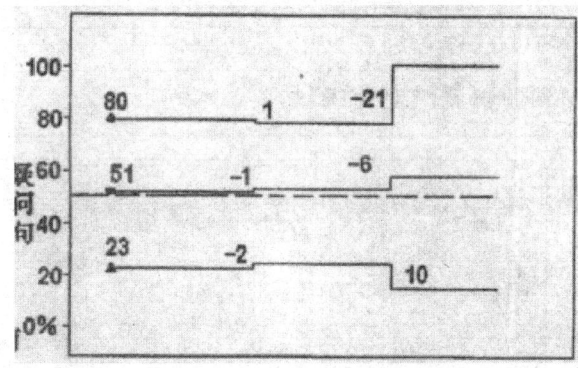

图 3.12 对照组：中国男生汉语疑问句起伏度图

表 3.3 是越南留学生和中国学生汉语疑问句起伏度的对比。Q0 是句首调域的起点，无论是中国学生还是越南学生 Q0 的分布情况都是上线分布比较集中，下线分布分散。

Q1 是句首跟句中调域的起伏度。中国学生 Q1 上线是正值，即以降为主；下线是负值，即以升为主。可见句中调域比句首调域缩小收敛，这是在为句末调域的最大化扩展做准备，便于形成反差对比，突出疑问语气的表达效果。越南学生 Q1 的上线也基本为正值（d 除外），下线三个为正值，三个为负值。

Q2 是句中跟句末调域的起伏度，集中表现了句末调域的最大化扩展。母语者 Q2 上线为负值，下线均为正值。这表明句末调域上线的大幅度抬高与下线的大幅度降低，是汉语疑问句语调的突出特点。越南学生 Q2 上线大多为负值（a 为零，d 为 34），但越南留学生 Q2 下线却仅有一个人为负值，其余均为正值。母语者普通话疑问句句末调域扩展包括上线提高和下线降低两个部分，而越南留学生只注意到或是只掌握了无标记疑问句句末调域上线的提升，而没有掌握下线的降低也是形成句末调域最大化扩展的一部分。

Q 值等于 Q1 和 Q2 的代数和，表示全句的起伏度。中国学生 Q 值上线都为负数，即上线抬升，下线都为正数，即下线降低。说明疑问语句调域的整体扩展。越南留学生 Q 值上线 4 人为正数，2 人为负数，Q 值下线 4 人为正数，1 人为负数，1 人为零，可见越南留学生的汉语疑问句并没有像汉语母语者一样，在语句调域上整体扩展。

中国学生Q2的绝对值总体上显著大于Q1,也表明句末调域是疑问语气功能的主要承载者。对汉语母语者而言,句中调域作为句首和句末调域之间的过渡,对疑问语气的表达起到了一定的辅助作用。可见通过起伏度的对比可知,越南留学生在普通话无标记疑问句语调上存在着两个主要问题,一是句中调域没有收敛,造成句末调域无法最大化扩展;二是句末调域没有最大化扩展,尤其是下线几乎没有下降。总体来说,越南留学生对上线的掌握好于下线(无论是句中调域上线的下降还是句末调域上线的提升,掌握得都比句中调域下线的下降和句末调域上线的提高要好)。见表3.3。

表3.3 越南留学生和中国学生汉语疑问句起伏度的对比

		Q0	Q1	Q2	Q
越南学生(女)a	上线 a	100	1.1	0	1.1
	中线 b	63.4	8.2	5.8	14
	下线 c	26.8	15.2	11.6	26.8
越南学生(女)b	上线 a	86.4	5.6	-19.2	-13.6
	中线 b	43.2	-4.1	-10.2	-14.3
	下线 c	0	-13.7	-1.2	-14.9
越南学生(女)c	上线 a	100	11.9	-7	4.9
	中线 b	62.8	8.2	7.05	15.25
	下线 c	25.6	4.5	21.1	25.6
越南学生(男)d	上线 a	80.8	-19.2	34	14.8
	中线 b	40.4	-10.4	17.8	7.4
	下线 c	0	-1.5	1.5	0
越南学生(男)e	上线 a	98.1	25.8	-27.7	-1.9
	中线 b	50.55	13.9	-13.35	0.55
	下线 c	3	2	1	3
越南学生(男)f	上线 a	100	15.5	-0.4	15.1
	中线 b	57.9	6.7	12.5	19.2
	下线 c	15.8	-2.4	18.2	15.8
中国学生(女)	上线 a	89	8	-19	-11
	中线 b	63	3	10	13
	下线 c	37	-2	39	37
中国学生(男)	上线 a	76	1	-25	-24
	中线 b	42.5	-1	-6.5	-7.5
	下线 c	9	-3	12	9

五、越南语语调对学习汉语疑问句语调的影响

陈翠珠（2006）对越南语语调进行实验分析，我们将该文中使用的音高赫兹值，转换为半音值后的结果见下表：

表 3.4 越南语调域表

(St)	最高点	最低点	总调域
句7	30.11	19.02	11.09
句8	31.46	4.64	26.81
句9	29.15	24.65	4.49
句10	30.57	23.32	7.25
句11	30.80	24.65	6.14
句12	32.51	23.32	9.19

从上表可以看出，越南语疑问句语句调域相差比较大，语句调域最低的为 4.49 半音，最高的为 26.81 半音。另外根据陈翠珠的实验数据，越南语疑问句的最高点和最低点出现在首字、末字或是句中，而汉语普通话疑问句的最高点和最低点基本都出现在末字上。汉语普通话疑问句句末调域中后字的字音调域跨度最大，达到句末调域的全部跨度，是调域最大化扩展的源头，但是在越南语中最高点或最低点可以出现在疑问句中的任何位置。

第二语言习得者根据他的第一语言构建了一个语言系统，但是这个语言系统也不同于其第一语言系统，又不同于第二语言系统，是学习者自己独立的语言体系。越南留学生汉语疑问句的语调既不同于越南语语调的语句，又不同于汉语普通话疑问句语调的一些特点。一方面，越南语是有声调语言，越南留学生更容易理解掌握汉语声调，这是母语的正迁移作用；但是另一方面，进入语调层面后，因为语调是解决语句意义的问题，受到边界调、下倾调的影响，关系到语法、语义甚至语用层面，因此语调不是声调的简单叠加。受到越南语语调负迁移作用的影响，很多越南留学生在习得汉语疑问句时不能恰当地发挥疑问句末字的功能，仅提高调域上线，而不会降低调域下线，注意了末字的上线是全句的上限，而忽略了末字的下线也应该是全句的下限；而另外一些越南留学生错误地理解了末字声调是疑问句语句的主要承载者的含义，一味地靠改变末字调型来表达疑问语气，使得洋腔洋调的味道非常重。

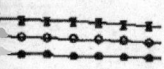

第二节 越南留学生汉语疑问句停延率

上文已经运用停延率的方法，对 6 位越南留学生四个声调汉语陈述句的单字停延率分别进行了计算和分析，下面将使用和上文类似的研究思路，将越南留学生汉语疑问句的字停延率和词停延率结果在柱形图中表示出来。但由于缺少本体研究的数据，所以在这一节中没有将越南留学生的数据与母语者进行对比，只是从字停延率、词停延率以及与越南留学生陈述句停延率的对比三个方面归纳了越南留学生汉语疑问句语调在时长方面的规律特点。

一、字停延率的表现

（一）阴平句

图 3.13 和表 3.5 分别是越南留学生汉语无标记疑问句的阴平句字停延率的柱形图和数据。在韵律边界前，三个韵律词的最后一个音节都被延长了；韵律边界后：第 7 个音节（动词）发生延长，第 4 个音节（星）停延率为 1；韵律词中间的音节：没有发生延长；全句最短的音节是第 5 个音节（期），是韵律词内部的音节；全句最长的音节是第 7 个音节（修），即动词。

表 3.5 越南学生汉语疑问句阴平句字停延率

阴平句	张	中	斌	星	期	天	修	收	音	机
女a	1.06	0.93	0.86	1.19	0.87	1.11	1.18	0.95	0.74	1.11
女b	1.03	0.86	0.90	1.00	0.68	1.16	1.29	1.09	0.87	1.11
女c	0.93	0.84	1.06	1.03	0.74	1.29	1.40	0.85	0.67	1.19
男d	0.85	0.87	1.23	1.02	0.52	1.61	1.50	0.76	0.63	1.02
男e	1.04	0.88	1.10	0.94	0.63	1.46	1.21	0.79	0.73	1.25
阴平句	张	中	斌	星	期	天	修	收	音	机
男f	1.02	0.91	1.07	0.85	0.61	1.36	1.42	0.87	0.87	1.04
平均值	0.99	0.88	1.04	1.00	0.68	1.33	1.33	0.88	0.75	1.12

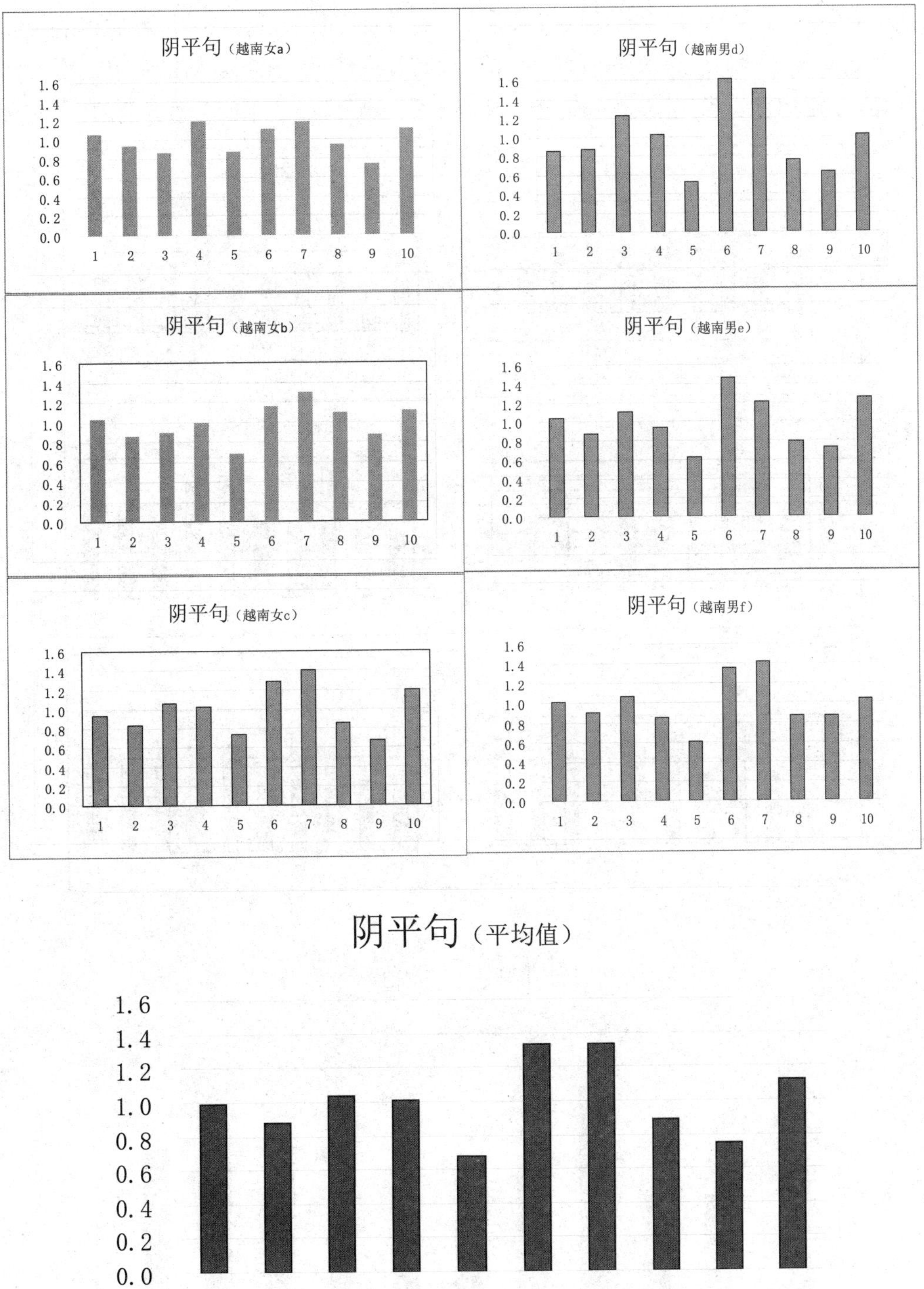

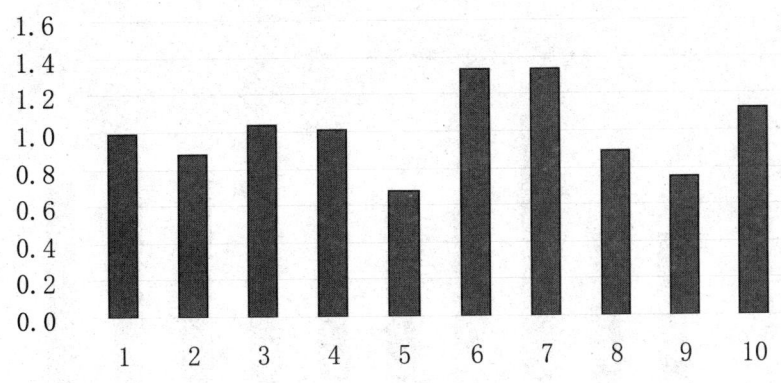

图 3.13 越南学生汉语疑问句阴平句字停延率

(二) 阳平句

图 3.14 和表 3.6 分别是越南留学生汉语无标记疑问句的阳平句字停延率的柱形图和

数据。在韵律边界前，三个韵律词的最后一个音节都被延长了；韵律边界后：第7个音节（动词）发生延长；韵律词中间的音节：没有发生延长；全句最短的音节是第1个音节（吴），是句首音节；全句最长的音节是第3个音节（华），是韵律边界前的一个音节。

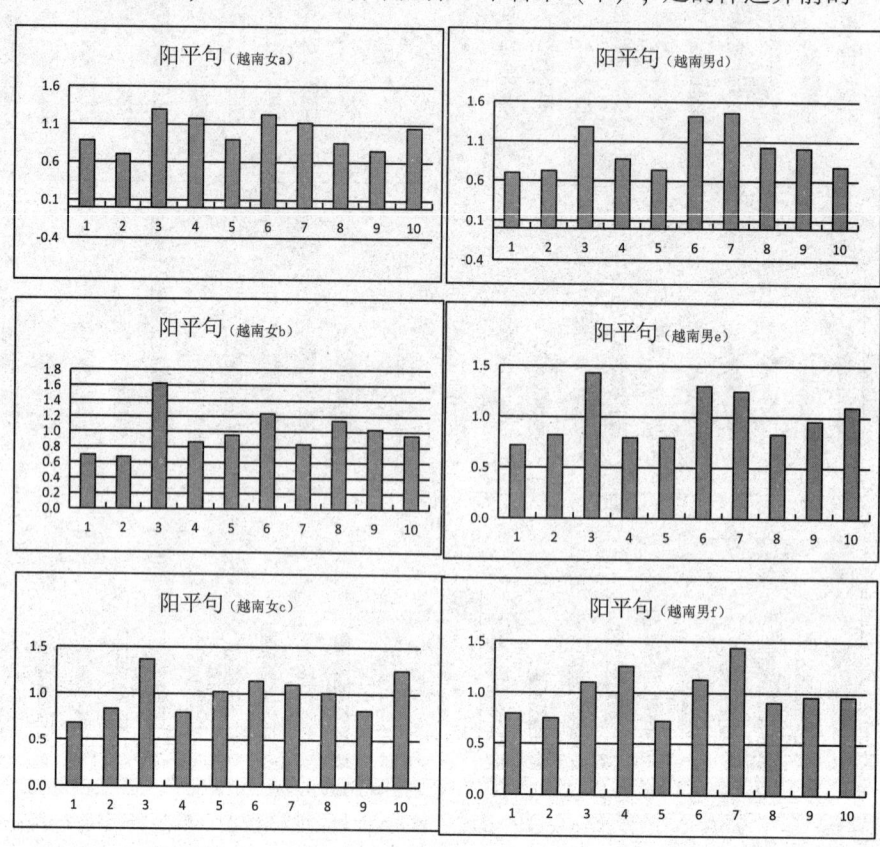

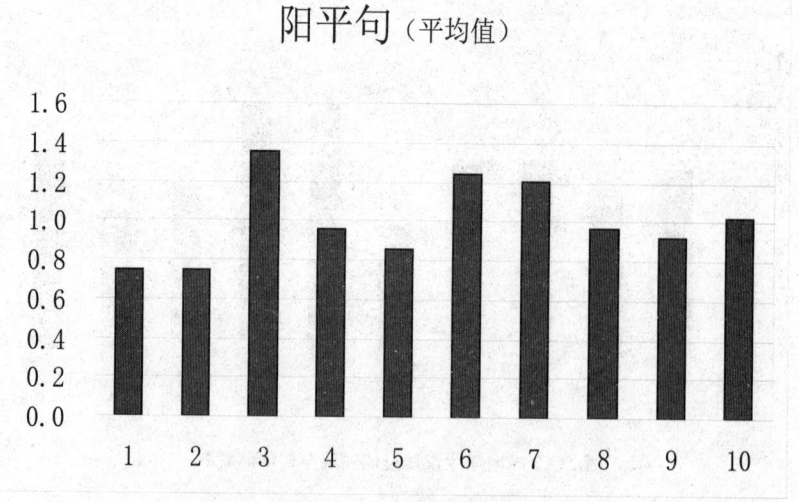

图 3.14 越南学生汉语疑问句阳平句字停延率

表 3.6 越南学生汉语疑问句阳平句字停延率

阳平句	吴	国	华	重	阳	节	回	阳	澄	湖
女a	0.89	0.70	1.30	1.18	0.90	1.23	1.12	0.86	0.75	1.06
女b	0.69	0.67	1.62	0.86	0.95	1.24	0.84	1.15	1.03	0.95
女c	0.68	0.83	1.37	0.79	1.02	1.14	1.10	1.01	0.82	1.25
男d	0.70	0.72	1.28	0.87	0.74	1.42	1.46	1.02	1.01	0.78
男e	0.72	0.82	1.43	0.79	0.79	1.30	1.25	0.83	0.96	1.10
男f	0.79	0.75	1.10	1.26	0.72	1.13	1.44	0.90	0.96	0.96
平均值	0.74	0.75	1.35	0.96	0.85	1.24	1.20	0.96	0.92	1.02

（三）上声句

越南留学生汉语疑问句上声句相对字长的表现如图 3.15 和表 3.7 所示。疑问句上声句相对字长的表现如图 3.15 和表 3.7 所示。在韵律边界前，三个韵律词的最后一个音节都被延长了；韵律边界后：第 7 个音节（动词）发生延长；韵律词中间的音节：第 2 个和第 8 个音节发生延长；全句最短的音节是第 4 个音节（五）；全句最长的音节是第 7 个音节（写），是动词。

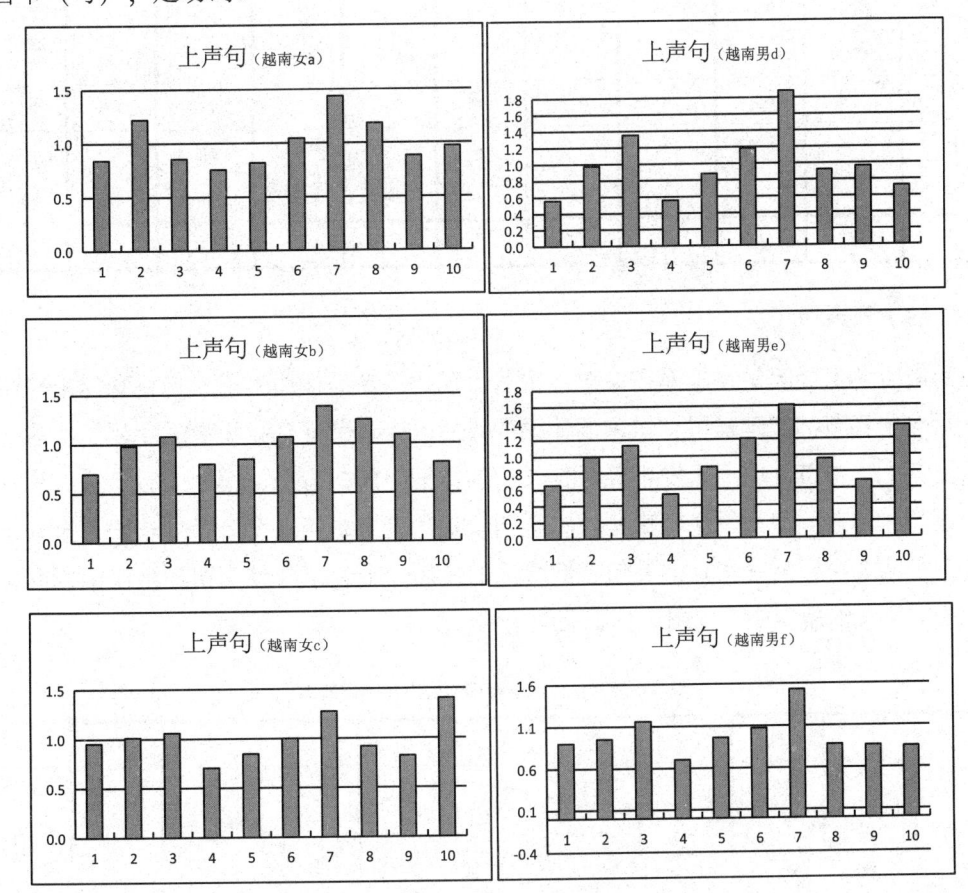

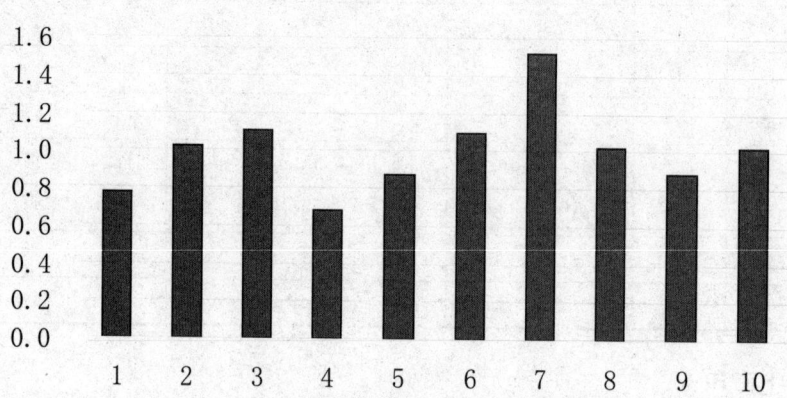

图 3.15 越南学生汉语疑问句上声句字停延率

表 3.7 越南学生汉语疑问句上声句字停延率

上声句	李	小	宝	五	点	整	写	讲	演	稿
女 a	0.84	1.22	0.86	0.75	0.82	1.04	1.43	1.18	0.88	0.97
女 b	0.70	0.98	1.08	0.80	0.85	1.07	1.38	1.24	1.09	0.81
女 c	0.95	1.01	1.06	0.71	0.85	1.00	1.27	0.92	0.82	1.40
男 d	0.56	0.98	1.35	0.56	0.88	1.19	1.88	0.92	0.96	0.73
男 e	0.65	0.99	1.13	0.54	0.87	1.21	1.61	0.96	0.69	1.36
男 f	0.90	0.95	1.16	0.70	0.96	1.07	1.53	0.88	0.86	0.85
平均值	0.77	1.02	1.11	0.68	0.87	1.10	1.52	1.02	0.89	1.02

（四）去声句

越南留学生疑问句停延率在去声句中的表现是：在韵律边界前，句首和句中韵律词的最后一个音节都被延长了，句末韵律词的最后一个音节（部）没有发生延长；韵律边界后：第 7 个音节（动词）发生轻微延长；韵律词中间的音节：第 2 个音节（树）发生轻微延长；句首韵律词发生轻微延长；全句最短的音节是第 4 个音节（毕）；全句最长的音节是第 3 个音节（庆），是句首韵律词的最后一个音节。越南留学生汉语疑问句上声句相对字长的表现如下（图 3.16、表 3.8）。

表 3.8 越南学生汉语疑问句去声句字停延率

去声句	赵	树	庆	毕	业	后	到	教	育	部
女 a	1.24	1.09	1.34	0.58	0.90	1.30	1.01	0.87	0.66	1.00
女 b	1.17	1.08	1.45	0.74	0.80	1.35	0.80	0.94	0.86	0.82

女 c	0.94	0.95	1.59	0.72	0.72	1.32	1.05	0.84	0.72	1.13
男 d	0.81	1.11	1.82	0.76	0.64	1.42	1.30	0.76	0.57	0.82
男 e	1.24	1.04	1.28	0.78	0.70	1.22	1.12	0.78	0.83	1.02
男 f	1.00	1.12	1.59	0.78	0.72	1.29	0.94	1.03	0.86	0.65
平均值	1.07	1.06	1.51	0.73	0.75	1.32	1.04	0.87	0.75	0.91
平均值	0.77	1.02	1.11	0.68	0.87	1.10	1.52	1.02	0.89	1.02

（五）四个声调的句子

经检验，6名越南留学生汉语疑问句四个声调的句子的字停延率在95%的可信区间内无显著差异，具体数据见图3.17和表3.9。

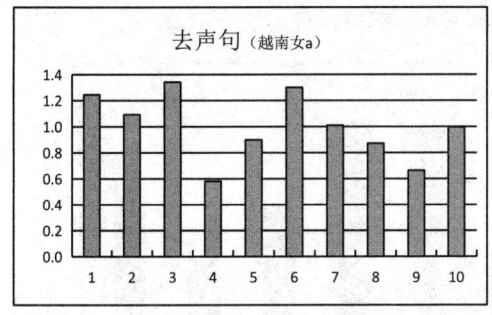

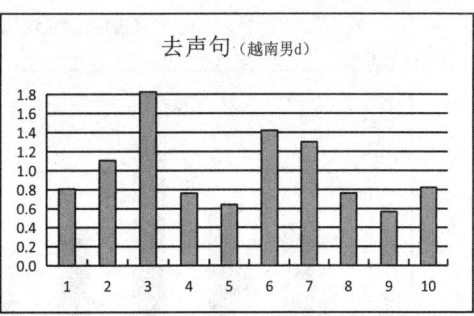

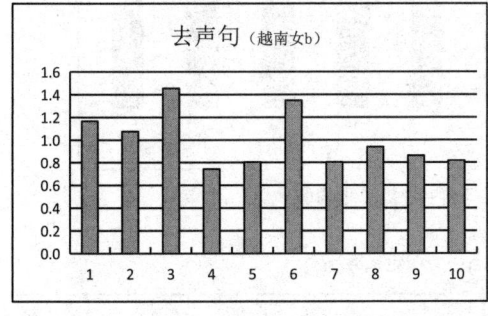

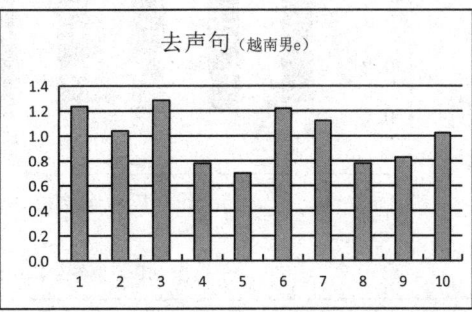

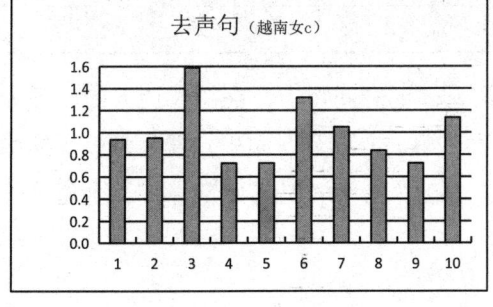

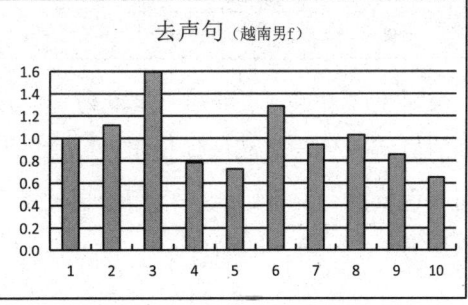

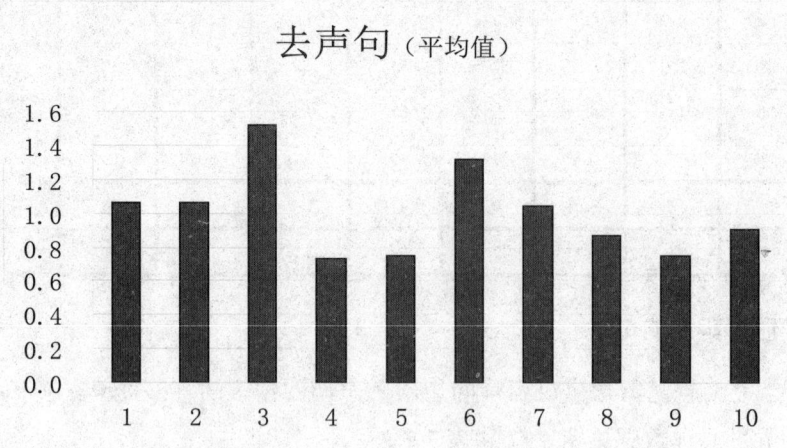

图 3.16 越南学生汉语疑问句去声句字停延率

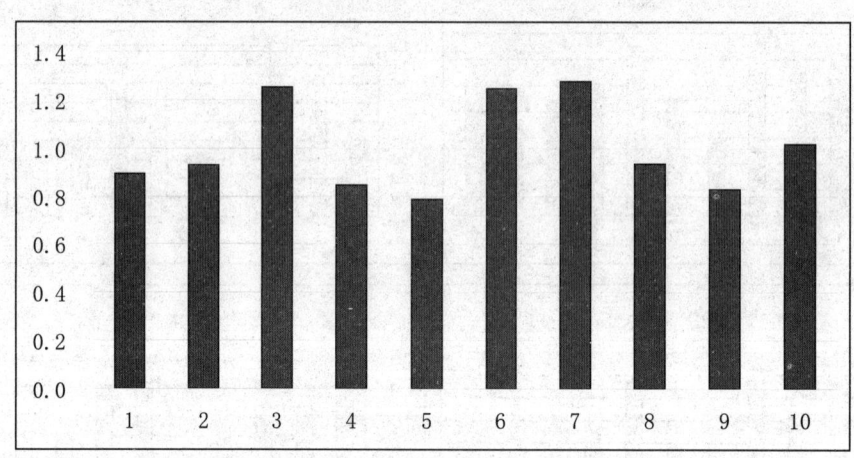

图 3.17 越南学生汉语疑问句字停延率平均值

表 3.9 越南学生汉语疑问句字停延率平均值

四个声调句子	1	2	3	4	5	6	7	8	9	10
均值	0.89	0.93	1.21	0.84	0.78	1.26	1.30	0.96	0.85	1.01

由图 3.17 和表 3.9 可知，越南留学生汉语无标记疑问句中，在韵律边界前，三个韵律词的最后一个音节都被延长了；韵律边界后：第 7 个音节（动词）发生延长；韵律词中间的音节没有发生延长；全句最短的音节是第 5 个音节，是句中韵律词；全句最长的音节是第 7 个音节，即动词。

二、词停延率的表现

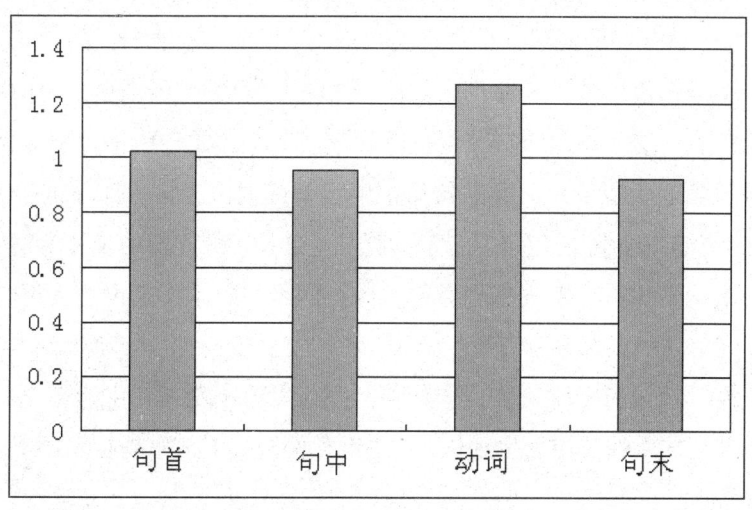

图 3.18 越南学生汉语疑问句词停延率

表 3.10 越南学生汉语疑问句词停延率

VN	句首韵律词	句中韵律词	动词	句末韵律词
阴平	0.97	1	1.33	0.92
阳平	0.95	1.02	1.2	0.97
上声	0.97	0.88	1.52	0.97
去声	1.21	0.93	1.04	0.84
平均值	1.03	0.96	1.27	0.93

图 3.18 和表 3.10 是越南留学生汉语疑问句的词长表现，可见，越南留学生无标记疑问句中的动词在四个声调的语句中表现一致，均延长；句首韵律词在去声句中发生延长；句中韵律词在阴平句中为 1，在阳平句中略有延长；在阴平、阳平声和上声句中，句内词长最长的都是动词，在去声句中，句内词长最长的是句首韵律词。从四个声调的平均结果来看，句首韵律词发生轻微延长（主要是因为去声句句首韵律词数值较大引起）；句中韵律词没有发生延长；动词发生延长，且是句内词长最长的；句末韵律词没有发生延长。

三、疑问句和陈述句停延率对比

上文已经分析了越南留学生汉语陈述句和疑问句的词长表现，那么二者之间有什么相似和差异呢？

（一）字停延率的对比

陈述句和疑问句字停延率在阴平句中的表现差异不大，各音节停延率数值相近，在韵律边界前，三个韵律词的最后一个音节都被延长了；韵律边界后：第7个音节（动词）发生延长，且为全句最大值；韵律词中间的音节没有发生延长；在阳平句中，陈述句末音节没有发生延长，疑问句句末音节发生轻微延长；陈述句句中停延率最大值为句中韵律词的末音节（第6个音节），疑问句句中停延率最大值为句首韵律词的末音节（第3个音节）；在上声句中，陈述句句末音节没有发生延长，疑问句句末音节发生轻微延长；在去声句中，疑问句句首音节发生轻微延长。在阴平、阳平、上声和去声句的均值中，陈述句句中和句首韵律词的末音节发生延长，动词发生延长，但是句末韵律词的末音节，即全句最后一个音节没有发生延长，全句停延率最大值出现在句中韵律词的末音节上；而疑问句各韵律词的末音节均发生延长，句中韵律词的最大值出现在动词上。见表3.11。

表3.11 越南学生汉语陈述句和疑问句字停延率

阴平	陈述句	1.00	0.92	1.10	0.99	0.70	1.19	1.27	0.86	0.67	1.15
	疑问句	0.99	0.88	1.04	1.00	0.68	1.33	1.33	0.88	0.75	1.12
阳平	陈述句	0.74	0.71	1.23	0.98	0.91	1.34	1.05	1.05	1.01	0.98
	疑问句	0.74	0.75	1.35	0.96	0.85	1.24	1.20	0.96	0.92	1.02
上声	陈述句	0.87	1.03	1.01	0.72	0.85	1.06	1.45	1.00	0.95	0.92
	疑问句	0.77	1.02	1.11	0.68	0.87	1.10	1.52	1.02	0.89	1.02
去声	陈述句	0.95	1.07	1.49	0.73	0.79	1.34	1.06	0.89	0.75	0.93
	疑问句	1.07	1.06	1.51	0.73	0.75	1.32	1.04	0.87	0.75	0.91
四声	陈述句	0.89	0.93	1.21	0.85	0.81	1.23	1.21	0.95	0.84	0.99
	疑问句	0.89	0.93	1.25	0.84	0.79	1.25	1.27	0.93	0.83	1.02

（二）词停延率的对比

表3.12是越南留学生汉语陈述句和疑问句词停延率的具体数值。越南留学生汉语陈述句和疑问句的词停延率的特点是，动词在四个声调的陈述句和疑问句中表现一致，均延长，且为全句词停延率的最大值；在四个声调语句的平均值中，陈述句和疑问句的句首韵律词均有轻微延长，句中韵律词和句末韵律词无延长。见表3.12。

表3.12 越南学生汉语陈述句和疑问句词停延率

	VN	句首韵律词	句中韵律词	动词	句末韵律词
阴平	陈述句	1.01	0.96	1.27	0.89
	疑问句	0.97	1	1.33	0.92

阳平	陈述句	0.89	1.08	1.05	1.01
	疑问句	0.95	1.02	1.2	0.97
上声	陈述句	0.97	0.88	1.45	0.96
	疑问句	0.97	0.88	1.52	0.97
去声	陈述句	1.17	0.95	1.06	0.85
	疑问句	1.21	0.93	1.04	0.84
平均值	陈述句	1.01	0.97	1.21	0.93
	疑问句	1.03	0.96	1.27	0.93

第三节 汉语疑问句语调教学的对策

第二章对越南留学生汉语语调教学提出了一些对策，并针对越南留学生汉语陈述句语调在音高和时长上特有的偏误和特点，提出了一些有针对性的教学对策。本章对比了越南留学生汉语疑问句语调在音高上和汉语母语者的不同，归纳了越南留学生汉语疑问句语调在音高方面和音长方面的特点和规律，通过实验分析和对比分析，可以更好地摸清越南留学生语调偏误的规律性和独特性，有利于更好地、更有针对性地进行对外汉语语调的教学，有利于克服"洋腔洋调"的痼疾。

越南留学生汉语疑问句语调在音高和音长上的表现和在陈述句中的表现既有相似的地方也有不同的地方，所以在教学时也要注意这些不同的地方，注意教学的方法，区别对待，并强化训练。

汉语声调虽然不等同于语调，但是汉语声调是语调的基础。本文的6名发音人都是高级阶段的留学生，汉语水平较高，他们单字调的发音都比较标准。但是无论是在陈述句中还是在疑问句中，一旦进入语流，他们阴平和去声相混淆的痼疾就显现出来了，并且出现字音调域偏窄的情况。所以强化对越南留学生汉语阴平调和去声调的训练，特别是阴平调和去声调在语流中的发音是非常必要的。

要集中强化训练阴平调和去声调，可以做一些区分训练，这种区分训练可以是单字的训练也可以是有意义的词汇或短语的训练。教师在课堂上也要格外重视越南留学生阴平和去声的发音，注意学生阴平的音高是否够高，去声是否够低等。训练可以从听辨和发音两个角度进行，声调的听辨训练主要用于训练越南学生区分阴平和去声。发音训练主要针对越南学生调域偏窄的情况进行，可以设计一些"阳平+去声"这种越南留学生普遍发不准的词或短语进行训练。

有一部分越南留学生通过改变句末后字调型（全部读成升调）的方法来营造所谓的疑问语气。本文只针对越南留学生汉语无标记疑问句的习得情况进行了考察，没有对带有语气词的疑问句的习得情况进行分析，但是在录音时，我们也录制了发音人朗读带语气词"吗"的疑问句的录音材料，明显可以听出，发音人在朗读带语气词"吗"的疑问句时，没有出现将语句末字全部读成升调的现象，听感上比较自然。这说明，对越南留学生而言，相对于有疑问词的疑问句，无标记疑问句更难习得。

无论是在陈述句还是在疑问句中越南留学生在动词音长上的表现都是一致的，即"夸张动词"，但是语句末字的时长在陈述句和疑问句中的表现却不一致，在陈述句中，语句末字没有发生延长，而在疑问句中，语句末字的停延率大于1，发生延长。这可能和一部分留学生采取将语句末字全部读成升调并重读来营造疑问语气的方式有关。可见，汉语无标记疑问句的末字是越南留学生习得汉语疑问句语调的一个难点，其发音偏误不仅体现在音高上，也体现在音长上。

无标记的疑问句的语调习得，特别是句末字调的习得，对越南留学生而言是比较困难的。学生因为不能很好地掌握汉语无标记疑问句，所以他们在课堂发言和平时与老师同学的交流中，都会采取回避策略，使用带语气词的疑问句代替这种对他们来说较难的无标记疑问句。所以教师在课堂教学中和日常交流中要适当多使用这种无标记的疑问句，让学生熟悉汉语无标记疑问句的语调特点。另外，教师在课堂上应该创造机会，让学生进行有语气词的疑问句和无标记疑问句的转换练习，可以采取教师提问的形式，也可以采取让学生互问互答的形式，引导学生使用无标记疑问句。

第四节　小结

本章同样采用语调格局的方法和停延率的方法，通过实验分析了越南留学生汉语疑问句语调的表现，并将结果与越南留学生汉语陈述句语调的表现做了对比分析。

首先，我们研究了越南留学生汉语疑问句语调在音高上的表现，分析了其语句调域、分调域（句首调域、句中调域和句末调域）、字音调域和起伏度的情况，得到以下结论：

1.通过语句调域的对比可知，越南女生汉语疑问句的语句调域上限更高，下限更低，汉语疑问句调域宽于中国女生；越南男生汉语疑问句的调域上限和下限均低于中国男生的，且语句调域均小于中国男生的。

2.通过分调域的对比可知，越南留学生汉语疑问句的分调域普遍大于中国学生的。

3.通过句末调域后字的字音调域对比可知，一部分越南留学生能较好地通过提高和扩展句末调域的方式来形成疑问语气；还有一部分越南留学生用改变句末后字调型（全部读成升调）的方法来营造所谓的疑问语气，"洋腔洋调"的味道很重。

4.通过起伏度的对比可知，越南留学生的句中调域没有很好地收敛，句末调域没有最大化扩展。

然后，我们研究了越南留学生汉语疑问句语调在时长上的表现，以停延率为工具，分析了其字停延率、词停延率的表现，并将越南留学生疑问句停延率的表现与其陈述句停延率的表现进行了对比分析，得到了以下结论：

在字停延率方面：在韵律边界前，三个韵律词的最后一个音节基本都发生延长；动词发生延长；韵律词中间的音节基本没有发生延长（上声句和去声句中个别韵律词中间音节发生延长，但不是普遍规律）；句末音节发生延长。

在词停延率方面：句首韵律词和句中韵律词基本上没有发生延长（阴平句中的句首韵律词除外，阴平句和阳平句中的句中韵律词除外，有轻微延长）；句内词长最长的基本是动词（去声句中句内词长最长的是句首韵律词）；句末韵律词没有发生延长。

通过越南留学生汉语疑问句和陈述句停延率对比可知，从字停延率的角度来看，无论是在陈述句还是在疑问句中，句中词长的最大值基本都出现在动词上；末字在陈述句和疑问句中表现不一致，陈述句末字基本没有发生延长，但是疑问句末字停延率基本大于1，即发生延长；从词停延率的角度来看，陈述句和疑问句的句中韵律词和句末韵律词基本都没有发生延长。

汉语声调是语调的基础，声调偏误必然导致语调偏误。越南留学生汉语声调存在"阴去不分"和字音调域较窄的偏误。所以要强化声调训练，特别要强化语流中声调的训练。

相对有语气词的疑问句而言，越南留学生学习无标记疑问句是更加困难的，尤其是对无标记语句末字的习得更是一个难点，一部分越南留学生将语句末字全部读成升调，并重读语句末字，以此来营造疑问语气。所以在教学中，教师应该多创造机会让学生练习汉语无标记疑问句。

第四章 美国、韩国、日本、泰国学习者汉语陈述句语调的实验研究

在石锋老师的带领下,南开实验语言学团队,在语调研究方面已取得一定成绩。石锋老师在《语调格局——实验语言学的奠基石》的自序中,如是说:"15年来,先后有40多名博士生和50多名硕士生在我的指导下以团队的形式进行研究。每位研究生的工作有双重意义:完成自己的毕业论文,取得学位;同时为后面的工作打下基础,开通道路。这种梯队型、接力型的研究方式,使我们的工作避免了徘徊在起点处的低水平重复。大家目标一致,互帮互学,团结合作,用系统的观点、对比的方法、量化的工具,共同促进研究工作滚动式不断前进。我们在教师主导下,实行立体设计、平行推进的原则。例如,我和王萍老师合作研究汉语陈述句和疑问句的起伏度,取得经验,指导全局。梁磊老师研究了语调的停延率和音量比。温宝莹老师研究汉语语调的习得。根据学生个人优势、知识背景,统筹规划研究方向和论文选题,充分发挥个人长处。"笔者何其有幸,在团队当中,可以以汉语母语者汉语陈述句和疑问句的语调格局为参考对照,可以参考师兄师姐和同门的研究数据做国别化的汉语语调习得研究。

石林等2010年在第九届中国语音学学术会议上发表《"洋腔洋调"初探——美国学生汉语语调分析》,这是团队中较早一篇外国学习者关于汉语语调学习的论文,文章以美国威斯康星大学东亚语言文学系的10名学生汉语普通话陈述句为实验语料,通过实验发现母语为英语的学习者汉语陈述句的语调表现与汉语母语者相比,存在如下差异:一是,学习者用单字调代替语流中的变调现象严重;二是,学习者对于汉语语调下限的掌握较为困难;三是,学习者的语句起伏度没有呈现出母语者下倾和降阶的趋势;四是,在韵律词内部,学习者词调域下线呈有规律降阶,而母语者的词调域下线是中字上升,末字大幅度下降。

陶媛2013年硕士学位论文《日本留学生汉语普通话陈述句语调习得的实验研究》以汉语水平为初、中、高级三个级别的日本留学生汉语普通话陈述句为实验语料,通过实验发现日本留学生汉语陈述句的语调表现与汉语母语者相比,存在如下差异:一是,日本留学生语句调域较窄;二是,日本留学生各个分调域的宽窄与母语者差异显著且无一

致性规律；三是日本留学生句末调域下降不明显，没有最大化扩展。

燕芳 2013 年硕士学位论文《韩国留学生汉语陈述句语调习得的实验研究》以学习汉语时间分别为 3 个月、1 年和 3 年以上三个阶段的韩国留学生汉语普通话陈述句为实验语料，通过实验发现韩国留学生汉语陈述句的语调表现与汉语母语者相比，存在如下差异：一是，字调域普遍比母语者宽，起伏度大于母语者；二是，分调域按照句首、句中、句末的顺序依次扩展，类似汉语句末强调焦点句的语调表现，而非像母语者无焦点句的语调呈现同构规律；三是，语调上线起伏格式与母语者差异较大，中线和下线与母语者相似。

石林 2015 年博士学位论文《洋腔洋调的实验研究》以及 2019 年在博士论文基础上形成的专著《洋腔洋调实验录（上）》从音高起伏度、音长停延率和强度音量比三个方面考察了 4 名汉语母语发音者、12 名母语为美国英语的学习者、11 名母语为日语的学习者、10 名母语为泰语的学习者汉语普通话陈述句语调学习的情况。通过实验发现，美国学习者汉语陈述句的语调与汉语母语者相比存在如下差异：

1. 分调域

（1）句首：母语者呈现"首字宽于中字，下线低于中字"的调域特征，学习者无规律可循。

（2）句中：母语者呈现"首字宽于中字，下线低于中字"的调域特征，学习者多数呈相反趋势，即"首字窄于中字，下线高于中字"。

（3）单音节词：学习者单音节动词调域宽窄不一，无规律可循。

（4）句末：母语者呈现"第 2 字宽于第 3 字，下线低于第 3 字"的调域特征，学习者无规律可循。

2. 语句调域（总调域）

（1）各词调域的宽度：83% 学习者句首词宽于母语者（母语者：65%～95%；学习者：大于 95%）；50% 学习者句中词宽于母语者（母语者：60%～90%）；36% 学习者句末词宽于母语者（母语者：80%～95%）；67% 学习者语句调域中最宽的是句首词调域，而母语者句末词调域最宽。

（2）各词调域在句中调域的位置：75% 学习者句首词达到句调域上线 100%；42% 学习者句末词达到句调域下线 0。

（3）音高下倾状况：50% 学习者词调域下线呈上升趋势，与母语者音高下倾的趋势相反。

通过实验发现，日本学习者汉语陈述句的语调与汉语母语者相比存在如下差异：

1. 分调域

（1）句首：学习者末字最宽特征不明显；母语者呈现"首字宽于中字，下线低于中字"的调域特征，学习者无规律可循；学习者末字调域没有表现出扩展。

（2）句中：学习者末字最宽特征不明显；母语者呈现"首字宽于中字，下线低于中字"的调域特征，学习者多数呈相反趋势，即"首字窄于中字，下线高于中字"；学习者末字调域没有表现出扩展或扩展不明显。

（3）单音节动词：学习者单音节动词调域宽窄不一，无规律可循。

（4）句末：母语者呈现"第2字宽于第3字，下线低于第3字"的调域特征，学习者无规律可循。

2. 语句调域（总调域）

（1）各词调域的宽度：27% 学习者句首词宽于母语者（母语者：65%～95%；学习者：大于100%）；82% 学习者句中词与母语者相似（母语者：60%～90%）；45% 学习者句末词宽于母语者（母语者：80%～95%）；64% 学习者与母语者相同，句末词调域最宽，另外 36% 学习者句首词调域最宽。

（2）各词调域在句中调域的位置：73% 学习者句首词达到句调域上线100%；73% 学习者句末词达到句调域下线0。

（3）音高下倾状况：73% 学习者符合母语者下倾幅度（上线 5%～20%，下线 10%～35%）；另 27% 学习者无音高下倾趋势或呈现上升趋势。

通过实验发现，泰国学习者汉语陈述句的语调与汉语母语者相比存在如下差异：

1. 分调域

（1）句首：100% 学习者末字调域最宽；母语者呈现"首字宽于中字，下线低于中字"的调域特征，学习者多数呈相反趋势，即"首字窄于中字，下线高于中字"。

（2）句中：20% 学习者首字调域最宽，另 80% 学习者与母语者相同末字调域最宽，且有末字调域扩展的特征；母语者呈现"首字宽于中字，下线低于中字"的调域特征，学习者无规律可循；100% 学习者字调域下线与母语者相同，具有音高下倾的特征。

（3）单音节动词：学习者调域宽窄不一，无规律可循。

（4）句末：学习者均为末字调域最宽，扩展特征明显；母语者呈现"第2字宽于第3字，下线低于第3字"的调域特征，多数符合此特征，但不显著；学习者字调下线音高下倾。

2. 语句调域（总调域）

（1）各词调域的宽度：90% 学习者满足母语者句首词 65%～95% 的宽度范围；100% 学习者满足母语者句中词 60%～90% 的宽度范围；90% 学习者满足母语者句末词

80%～95%的宽度范围；30%学习者符合母语者"句末词调域最宽"的特征，另60%学习者呈句首词调域最宽的特征。

（2）各词调域在句中调域的位置：100%学习者的句首词达到语句调域上线，80%学习者句末词达到语句调域下线，与母语者的特征基本相符。

（3）音高下倾状况：100%学习者符合母语者词调域上线下倾幅度（上线5%～20%）；60%学习者符合母语者词调域下线下倾幅度（下线10%～35%），20%学习者低于母语者词调域下线下倾幅度，20%学习者无音高下倾趋势或呈现上升趋势。

阎锦婷（2019）《洋腔洋调实验录（下）》同样是在其博士论文的基础上运用语音实验的方法，研究外国学生汉语语调问题。石锋老师在为《洋腔洋调实验录（下）》作序时曾说："无独有偶，此前石林在南开大学攻读博士学位时，在导师张洪明教授的指导下也做了洋腔洋调的实验研究。两篇博士论文，珠联璧合，相互补充，彼此验证，对于解决洋腔洋调问题，打下了实证的基础。欣蒙世界图书出版公司将这两个研究以《洋腔洋调实验录》为书名出版，按照两篇博士论文时间先后和内容排序分为上、下两册。因为石林的研究在前，做了陈述句的分析，作为上册；锦婷的研究在后，在陈述句的基础上又对疑问句做出实验分析，所以作为下册。"这也就是两本对外国学习者学习汉语语调问题进行实验研究的著作的渊源了。《洋腔洋调实验录（下）》以10位泰国学习者、10位韩国学习者和10位日本学习者的汉语陈述句和汉语疑问句语料为实验对象，按照字调域－词调域－句调域、起伏度、停延率、音量比的顺序，对学习者的汉语语调进行多维度分析。该书所使用的实验句，与前人研究略有不同，以往的研究，包括石林、燕芳、陶媛等为了和母语者的数据保持一致，更具有可对比性，多使用的是从沈炯（1985）设计的实验句稍做修改而来的6句（或前4句），如下：

（1）张中斌星期天修收音机。/?

（2）吴国华重阳节回阳澄湖。/?

（3）李小宝五点整写讲演稿。/?

（4）赵树庆毕业后到教育部。/?

（5）李金宝五时整交讲话稿。/?

（6）李小刚五点半写颁奖词。/?

而阎锦婷采用的是一组5句话的实验句，每句7个音节，韵律节奏为2-2-3模式，如下：

（1）高兵今天喝鸡汤。/?

（2）罗婷明年学轮滑。/?

（3）李伟五点买雨伞。/?

（4）赵志半夜看电视。/?

(5) 李刚九号交水费。/?

通过实验分析，发现泰国学习者汉语陈述句与汉语母语者存在如下异同：

1. 字调域—词调域—句调域

（1）字调域：与母语者字调域多由阴平负担不同，泰国学习者字调域上线多由去声负担；学习者阴平位置偏低，与泰语的中平调［33］（泰语中平调的调值为33）调值接近；阳平位置偏低，上扬幅度较小，存在调头形成降升调；上上相连，第一个上声变阳平的连读变调规律基本可以掌握，但存在和阳平类似的调头的表现；去声起点偏高，降幅不够。

（2）词调域：与母语者相同，学习者句调域的最大值100%分布于句首词上线，最小值0分布于句末词下线；学习者基本符合母语者"句末词调域最宽"趋势；与母语者各韵律词相对位置固定呈阶梯式下降状不同，学习者韵律词不稳定，无规律可循。

（3）句调域：泰国学习者陈述句调域跨度的分布区间是5.98～13.9St，符合母语者5.85～17.3St的范围，但整体小于汉语母语者。

2. 起伏度：与母语者相似，泰国学习者汉语陈述句总体表现出音高下倾的特征。

3. 停延率：泰国学习者汉语陈述句语句停延率最大值、最小值的位置、句首词末字、句末词末字的停延率特征与汉语母语者基本相同。与汉语母语者相似，90%学习者语句停延率最大值位置是句末词末字，50%学习者停延率最小值位置是句首词首字；与汉语母语者相同，100%学习者符合边界前延长的规律，句首词末字和句末词末字停延率大于1。泰国学习者汉语陈述句语句停延率与汉语母语者的不同主要存在与句中词末字和单音动词上。仅有20%母语者句中词末字发生延长，而有80%学习者句中词末字发生延长；40%母语者单音节动词发生延长，70%学习者单音节动词发生延长。

泰国学习者汉语疑问句与汉语母语者存在如下异同：

1. 字调域 – 词调域 – 句调域

（1）字调域：与泰国学习者汉语陈述句字调域的表现特征基本呈现相同规律。

（2）词调域：60%的学习者符合母语者句首词调域52%～83%的分布范围，80%学习者符合母语者句中词调域38%～92%的分布范围，60%学习者符合母语者句末词调域100%～100%的范围；90%学习者符合母语者"句末词调域最宽"特征；40%学习者句末词低于母语者范围下线，也可以理解为没有习得疑问语气。

（3）句调域：泰国学习者疑问句调域跨度的分布区间是8.2～17.66St，基本符合母语者8.96～16.18St的范围，但略小于汉语母语者的范围。

2. 起伏度：与汉语陈述句逐阶下倾的音高模式不同，汉语疑问句主要依靠句末词调域的最大化扩展来实现。60%学习者句末词调域上线上升至100%，下线下降至0%，实现了句末词调域的最大化扩展。

3. 停延率：与 100% 母语者停延率最大位置出现在句末词末字不同，学习者停延率最大值出现的位置不固定；学习者停延率最小值出现位置与母语者基本相同；与 100% 母语者单音节动词无延长不同，40% 学习者单音节动词发生延长。

石锋、温宝莹、韩亚娟[①]2015年在《日本学生汉语疑问句语调习得的实验研究》一文中，以 10 名母语为日语的学习者汉语疑问句为实验语料，通过实验发现，日本学习者汉语疑问句语调存在如下特征：一是，学习者整体起伏度较小；二是，日本学习者词调域小于母语者；三是，词末字多呈先降后升的趋势。

温宝莹等（2018）[②]在《韩国学习者汉语普通话疑问句语调的韵律特征分析》一文中，以 30 名韩国留学生（学习汉语的时间为 6～12 个月）汉语疑问句为实验语料，通过实验发现韩国学习者汉语疑问句的语调表现与汉语母语者相比，存在如下差异：一是，学习者韵律单元末字与非末字之间以及韵律单元与韵律单元之间的音高、音长和音长的伸缩变化幅度较母语者而言较小；二是，学习者疑问句预期特征明显弱于母语者，反映在句末字音高、音长和音强等韵律特征上；三是，学习者句末音节的调域下线拓展有限，上线走势趋平。

[①] 石锋，温宝莹，韩亚娟．日本学生汉语疑问句语调习得的实验研究．天津：第十三届全国人机语音通讯学术会议（NCMMSC2015）论文集．2015．

[②] 温宝莹．韩国学习者汉语普通话疑问句语调的韵律特征分析．中国语音学报第 9 辑，2018．

第五章　各国汉语学习者汉语语调对比

越南语为有声调语言，有六个声调：横声、玄声、问声、跌声、锐声、重声。越南语比汉语普通话还多两个声调，所以对越南留学生而言，母语对他们学习汉语声调和语调，有其有利的一面，但容易受母语负迁移作用的影响，又有其不利的一面。

第一节　各国汉语学习者汉语陈述句语调对比

笔者对比了母语为有声调语言学习者的汉语陈述句语调（越南、泰国）和母语为无声调语言学习者的汉语陈述句语调（美国、韩国、日本），以具体分析母语对学习者学习汉语陈述句语调的负迁移影响，探究母语声调系统对留学生汉语语调学习究竟有没有影响，有什么影响。其中汉语母语者陈述句的调域数据和图形来自《汉语普通话陈述句语调的起伏度》（石锋、王萍、梁磊），美国学习者（两位男发音人，一位女发音人）的数据来自石林、王萍等《"洋腔洋调"初探——美国学生汉语语调分析》，因为该文使用的是赫兹值，所以本文将其转化为半音值，以方便比较。另外本文加入一个美国学习者（男发音人）的数据，另有一美国学习者（女发音人）的数据取自《洋腔洋调实验录（上）》以使数据更充足可信。泰国学习者的语调数据取自《洋腔洋调实验录（上）》4名泰国学习者的汉语陈述句语调（2位男发音人，2位女发音人）。韩国留学生和日本留学生的数据采用的是燕芳和陶媛[①]沙龙报告上的数据，在此一并表示感谢。为了使对比更具有科学性，因此在进行国别化对比时，选取的语料多为学习汉语时间为5～6年的汉语学习者的语料，且实验句均为以下6句（或前4句）：

[①] 燕芳《韩国学生汉语普通话陈述句语调习得的实验研究初探》2011年9月28日南开大学沙龙报告。陶媛《日本留学生汉语陈述句语调习得研究初探》2011年9月21日南开大学沙龙报告。

1Aa 张中斌星期天修收音机。

1Ab 吴国华重阳节回阳澄湖。

1Ac 李小宝五点整写讲演稿。

1Ad 赵树庆毕业后到教育部。

1Ae 李金宝五时整交讲话稿。

1Af 李小刚五点半写颁奖词。

一、母语为无声调语言的留学生与母语为有声调语言的

我们将越南留学生汉语语调的实验数据看作母语为有声调语言留学生汉语语调的数据，与母语为无声调语言的留学生（包括美国、韩国、日本）的汉语语调数据进行对比，使用SPSS进行对比分析。通过分析发现，Sig.=0.021，Sig.<0.05，即我们有95%的把握说母语为无声调语言的留学生（美国、韩国、日本）跟母语为有声调语言的留学生（越南、泰国）的汉语陈述句的总调域有显著差异。所以母语是否为有声调语言对留学生习得汉语语调有显著影响。

表5.1是母语为无声调语言的留学生（美国、韩国、日本）和母语为有声调语言的留学生（越南、泰国）的汉语陈述句总调域的具体数据。为了方便对比，第一行是汉语母语者的全句调域，第二、三、四行分别是美国、韩国、日本留学生的全句调域，第五、六行数据是越南、泰国留学生汉语语调全句调域的数据，其中母语为无声调语言的留学生（美国、韩国、日本）的汉语陈述句语调的全句调域普遍小于汉语母语者的（表5.1中加粗的数据）；母语为有声调语言的留学生（越南、泰国）的汉语陈述句语调的全句调域普遍大于汉语母语者的（表5.1加下划线的数据）。

表5.1 各国学习者汉语陈述句全句调域对比

	(St)	男性			女性		
母语者	中国	17.7			11.1		
母语为无声调语言	美国	13.2	19	17.697	16.3	15.4	
	韩国	14.18	12.09	10.44	12.12	11.08	9.77
	日本	12.4	16.1		7.6	7.1	
母语为有声调语言	越南	15.69	19.72	19.53	12.72	18.73	15.3
	泰国	13.4	18.6		13	14.2	

所以结合SPSS的分析数据，可以说我们有95%的把握说母语为无声调语言的留学生（美国、韩国、日本）和母语为有声调语言的留学生（越南）的汉语陈述句总调域有显

著差异，且母语为有声调语言的留学生汉语语句调域大于母语为无声调语言的留学生汉语语句调域。

二、母语为无声调语言的留学生与汉语母语者对比

我们已经知道，母语是否为有声调语言对学习者学习汉语语调有显著影响，并知道母语为有声调语言的留学生汉语语句调域普遍大于汉语母语者的，母语为无声调语言的留学生汉语语句调域普遍小于汉语母语者的。那么学习者母语的语调对汉语语调学习究竟有多大影响呢？性别是否会对留学生习得汉语语调产生影响呢？

通过SPSS分析，母语为无声调语言的学习者的汉语陈述句语调的数据如下：

男学习者，$Sig.=0.016$，$Sig.<0.05$，所以我们有95%的把握说母语为无声调语言的男留学生与汉语母语者（男生）的汉语陈述句总调域有显著差异。

女学习者，$Sig.=0.763$，$Sig.>0.05$，所以我们有95%的把握说母语为无声调语言的女留学生与汉语母语者（女生）的汉语陈述句总调域无显著差异。

可见女性学习者对于汉语陈述句语调的习得优于男性学习者，这一结论也符合我们的传统认知，即"女性的语言能力优于男性，女性在言语任务上比男性胜出"[①]。

三、母语为有声调语言的学习者与汉语母语者对比

母语为有声调语言留学生（越南、泰国）汉语语调SPSS分析数据如下：

男学习者，通过分析数据可知，$Sig.=0.686$，$Sig.>0.05$，所以我们有95%的把握说母语为有声调语言的男性学习者与男性汉语母语者的汉语陈述句总调域无显著差异。

女学习者，通过分析数据可知，$Sig.=0.123$，$Sig.>0.05$，所以我们有95%的把握说母语为有声调语言的女性学习者与女性汉语母语者的汉语陈述句总调域无显著差异。

综上，母语是否为有声调语言对留学生习得汉语语调有显著影响，母语负迁移的影响很大，其中母语为无声调语言的留学生，其母语的负迁移影响更大；并知道母语为有声调语言的留学生汉语语句调域普遍大于汉语母语者的，母语为无声调语言的留学生汉语语句调域普遍小于汉语母语者的；另外，性别对汉语语调的习得也有影响，女生对语调的习得相对较好，更接近汉语母语者。

---

① 沈德立主编. 基于脑科学的教与学效能研究. 教育科学出版社. 2013.

第二节 各国汉语学习者汉语疑问句语调对比

笔者对比了母语为有声调语言学习者的汉语疑问句语调（越南、泰国）和母语为无声调语言学习者的汉语疑问句语调（美国、韩国、日本），以具体分析母语对学习者学习汉语语调的负迁移影响，探究母语声调系统对留学生汉语语调学习的影响。汉语普通话疑问句主要表现为两个特征：一是调域提高，二是调域扩展。调域扩展特别是句末调群调域的最大化扩展，其中语句末字的字音调域跨度最大，达到100%。也就是说疑问句中句末字调域就是疑问句的调域，是疑问语气的主要承载者。那么学习者如果可以掌握汉语疑问句末字的音高表现，在一定程度上就可以视为学习者基本掌握汉语疑问句的语调。表5.2是母语者和美国、韩国、日本、越南、泰国学习者汉语疑问句句末字调域百分比的平均跨度，其中母语者的数据来自王萍、石锋（2010）《汉语北京话疑问句语调的起伏度》，美国学习者的数据来自温宝莹、张子媛（2017）《美国学习者汉语疑问句语调的实验分析》，韩国、日本、泰国学习者的数据来自阎锦婷（2019）《洋腔洋调实验录（下）》，其母语者、美国学习者、越南学习者的发音数据使用的是在沈炯（1985）实验句基础上修改而成的以下6句（或前4句）实验句：

2Aa 张中斌星期天修收音机？

2Ab 吴国华重阳节回阳澄湖？

2Ac 李小宝五点整写讲演稿？

2Ad 赵树庆毕业后到教育部？

2Ae 李金宝五时整交讲话稿？

2Af 李小刚五点半写颁奖词？

韩国、日本、泰国学习者的发音数据使用的是阎锦婷（2019）设计的5句实验句：

(1) 高兵今天喝鸡汤？

(2) 罗婷明年学轮滑？

(3) 李伟五点买雨伞？

(4) 赵志半夜看电视？

(5) 李刚九号交水费？

表 5.2 母语者和学习者疑问句语句末字调域百分比跨度

	(St)	跨度（%）	平均（%）
母语者	中国	100	100
母语为无声调语言	美国	86	88.8
	韩国	86	
	日本	94.4	
母语为有声调语言	越南	88	92.6
	泰国	97.2	

由表 5.2 可知，母语者疑问句语句末字调域达到 100%，美国学习者为 86%，韩国学习者为 86%，日本学习者为 94.4%，母语为无声调语言的学习者汉语疑问句语句末字平均调域为 88.8%；越南学习者为 88%，泰国学习者为 97.2%，母语为有声调语言的学习者汉语疑问句语句末字平均调域为 92.6%。

由于阎锦婷（2019）设计的 5 句实验句比在沈炯（1985）实验句基础上修改而成的以下 6 句（或前 4 句）实验句使用的韵律词稍简单，因此得到的韩国、日本和泰国学习者的语调数据较美国、越南学习者的语调数据稍好，尽管如此，当数据平均后，我们还是发现，母语为有声调语言的学习者对于汉语疑问句语句末字的百分比跨度高于母语为无声调语言的学习者。换句话说，母语为有声调语言的学习者对于汉语疑问句语调的掌握优于母语为无声调语言的学习者。

第六章　汉语作为第二语言的语调教学

第一节　偏误的产生与分析

通过实验从音高、音长两个方面考察汉语学习者语调学习的情况，发现产生偏误的原因主要有以下几方面：

一、母语的影响

1.越南：越南语共有六个声调：横声33、玄声22、问声212、跌声325、锐声335、重声21。越南语与汉语普通话声调相比，越南语缺少高平调（汉语中的阴平调）和高降调（汉语中的去声调），但是却有中平调（横声调）和中低降调（重声调）。越南学习者的发音受到母语的影响，将汉语的阴平和去声混为一谈，发成一个既不同于汉语普通话阴平，也不同于汉语普通话阳平的微降调。而且他们所发的阴平音高偏低，去声调域较窄。但是又不能单纯认为越南学生在句子中完全是以单字调代替了语调中的字调。语调涉及句法和语义等多个层面，母语者凭借语感可以自然地读出复杂的句子，而留学生本身单字调发音就不是很标准，在语流中还需要考虑语义、句法等问题，所以很多单字调读得比较标准的留学生，面对复杂的汉语语调也感到无所适从，尤其是本身掌握起来就有困难的声调（如混淆阴平和去声）在句子中呈现出很多复杂的个体差异，有平有升有降甚至有曲折调，各不相同。

在陈述句方面，越南语陈述句总调域全部小于汉语母语者的汉语陈述句的总调域，调域下限多由玄声22承担，上限由横声33、锐声335和跌声325共同承担。从声调的负担量来说，越南语调域下限由玄声22的调域负担量最重，为1，与汉语普通话中上声接近；越南语调域上限由横声33、锐声335和跌声325共同承担，调域负担量分别为1/4，与汉语普通话中的阴平、阳平的开头和去声的结尾相似，可见，从声调承担调域负担量的角度，越南学生在其母语里可能会找到对应的越南语声调去承担相应的调域上限或下限，产生语调偏误。但是为什么越南语语句总调域小于汉语语调总调域，而越南学习者的汉语语调总体大于汉语母语者呢？我们猜想可能是因为越南学习者的母语为有声调语言，所以他们可以更好地理解汉语的声调，但是他们对汉语声调的理解并不等同于他们可以完全理解汉语语调。汉语声调和语调并不是简单叠加的关系，汉语语调的表现跟句法和语义等多个语言层面密不可分，在语流中又受到边界调、焦点调等的影响。所以越南留学生在说汉语句子时，出现了将母语中的声调知识过度演绎运用的情况，使得他们汉语语调的调域，无论是分调域还是总调域总体都大于汉语母语者，这也是越南留学生汉语调域显著不同于母语为无声调语言的学习者的一点。

在疑问句方面，越南语疑问句语句调域相差比较大，最高点和最低点出现在首字、末字或是句中的情况都有，而汉语普通话疑问句的最高点和最低点基本都出现在末字上。汉语普通话疑问句句末调域中后字的字音调域跨度最大，达到句末调域的全部跨度，是调域最大化扩展的源头，但是在越南语中最高点或最低点可以出现在疑问句中的任何位置。第二语言学习者根据他的第一语言构建了一个语言系统，但是这个语言系统又不同于其第一语言系统，也不同于第二语言系统，是学习者自己独立的语言体系。越南留学生汉语疑问句的语调既不同于越南语语调的语句，又不同于汉语普通话疑问句语调的一些特点。一方面，越南语是有声调语言，越南留学生更容易理解掌握汉语声调，这是母语的正迁移作用；但是另一方面，进入语调层面后，因为语调是解决语句意义的问题，受到边界调、下倾调的影响，关系到语法、语义甚至语用层面，因此语调不是声调的简单叠加。受到越南语语调负迁移作用的影响，很多越南留学生在习得汉语疑问句时不能恰当地发挥疑问句末字的功能，仅提高调域上线，而不会降低调域下线，注意了末字的上线是全句的上限，而忽略了末字的下线也应该是全句的下限；而另外一些越南留学生错误地理解了末字声调是疑问句语句的主要承载者的含义，一味地靠改变末字调型来表达疑问语气，使得洋腔洋调的味道非常重。

2. 泰国：泰语有5个声调，包括一声33、二声21、三声41、四声45、五声14。在语流中泰语声调同汉语声调一样会产生变调。泰语一声33相当于汉语阴平，但调值偏低；泰语二声21相当于汉语语流中的上声是低平调21；泰语三声41相当于汉语的去声，并与汉语去声调值相同；泰语四声45在汉语中找不到相对应的声调。可见泰语中有平调、升调、降调，但没有汉语中类似上声单字调的曲折调（先降后升）。泰语声调虽和汉语声调有一定相似性，但没有调值完全一样的声调，且泰语5个声调调值的变化幅度都较汉语声调要小一些，正是因为如此，泰国学习者无论是汉语陈述句语调还是疑问句语调的调域都比汉语母语者稍小，但比其他母语为无声调语言的汉语学习者的语调数据稍大。

在陈述句方面，泰语陈述句语句调域整体小于汉语陈述句语句调域。张静（2018）[①]

---

① 张静．泰国留学生汉语陈述句语调习得的实验研究：[硕士学位论文]．天津：天津师范大学，2018.

硕士毕业论文考察了泰语陈述句语调，数据见下表：

表 6.1 泰、汉陈述句语调调域对比

半音St		男性	女性	平均
泰语		8.1	8.9	8.5
		6.1～14.2	14.4～23.3	10.25～18.75
汉语		17.7	11.1	14.4
		4.1～21.8	13.9～25	9.0～23.4

由表 6.1 可知，泰语陈述句语句调域整体小于汉语陈述句语句调域，由于母语语调的影响，泰国学习者汉语陈述句调域跨度的分布区间是 5.98～13.9St，虽然符合母语者 5.85～17.3St 的范围，但整体小于汉语母语者。

在疑问句方面，泰国学习者疑问句调域跨度的分布区间是 8.2～17.66St，基本符合母语者 8.96～16.18St 的范围，但上限比母语者更高，下限比母语者更低，因此泰国学习者汉语疑问句语调（9.46St）整体略小于汉语母语者（9.46St）的范围。

3. 美国：美国学习者存在着以单字调代替语调中的字调的现象。阴平高平调美国学习者掌握较好；在阳平的发音上，存在位置较低、调型上存在调头等偏误现象，这使得美国学习者极易将阳平和上声混淆；上声变调掌握不好；去声降调掌握较好。

在陈述句方面，英语陈述句语句调域明显小于汉语陈述句语句调域，且相差较大，英语陈述句调域与汉语陈述句调域的对比，数据来自郭嘉、石锋（2011）[①]，（以下同）见下表：

表 6.2 英、汉陈述句语句调域对比

半音St	男性				女性	平均
英语	11.0	6.1	5.0	6.5		7.2
	3.4～14.4	2.9～9.0	17.0～22.0	16.8～23.3		
汉语	21.2	14.6	17.7	11.1		16.2
	1.6～22.8	4.1～21.8	15.1～29.7	13.9～25		

在疑问句方面，英语疑问句语句调域明显小于汉语疑问句语句调域，且彼此相差较大，英语疑问句调域与汉语疑问句调域的对比，见下表：

---

① 郭嘉，石锋．英汉陈述句和疑问句语调实验对比研究．当代外语研究．2011 年 9 月（第 9 期）．

表 6.3 英汉疑问句语句调域对比

半音St	男性		女性		平均
英语	10.2 9.1–19.3	11.1 5.1–16.2	12.0 14.0–26.0	11.8 14.7–26.5	11.3
汉语	21.8 3.2–25	14.1 17–31.3	19.7 7.6–27.3	12.7 15.2–27.9	17.1

可见，无论是陈述句还是疑问句，英语的语句调域均小于汉语的语句调域，且差幅较大。语句调域这种差异的产生主要是因为英语是无声调语言，而汉语是有声调语言，在进行语句调域测算时，须将阴平、阳平、上声和去声四个声调都考虑进去，英语更多注重的是横向调群之间节律强弱的比较。对比美国学习者汉语陈述句和汉语疑问句语句调域可以发现，美国学习者无论是汉语陈述句还是汉语疑问句的语句调域普遍比母语者的语句调域窄。

4. 韩国：现代韩国语是无声调语言，从音高表现的角度来看，属于固定重音语言，因此固定重音所在的位置和特定音高表现形式会对现代韩国语的语调起到关键性影响。从形态上看，韩国语属于黏着语，因此词调和语调会受音节数的影响。（金熹成，2012）①

在陈述句方面，受母语音系特征的影响，韩国学习者在一定程度上缺乏对汉语音高升降变化的敏感性，难以在语流中同时兼顾声调和语调的变化（温宝莹，2018）。韩语陈述句语句调域的数据见下表（数据来自金熹成，2012）：

表 6.4 韩语陈述句语句调域

半音St	男性		女性		平均
韩语	11.6 3.6～15.2	9.1 7.1～16.2	11.5 14.7～26.2	10.8 14.8～25.6	10.8

由表 6.4 可知，韩语陈述句语句调域的平均值为 10.8St，小于汉语陈述句语句调域的平均值 19.4St。

在疑问句方面，汉语疑问句加语气词并不是处理疑问语气的唯一表达方式，而在汉语中，只要句子表示疑问，都要在句末添加疑问式终结尾词，这是韩国语处理疑问表达的必需方式（曾李，2010）②。本文所用的实验句和对比组的实验句全部为无焦点无疑问词的疑问句，这种差异在一定程度上影响了学习者汉语疑问句语调的学习，由于无法与自己的母语系统对应，在进行汉语疑问句的输出时，在语调语气的理解上无法快速做出有效反应。

---

① 金熹成．韩国语陈述句语调的起伏度研究．南开语言学刊．2012 年第 1 期．
② 曾李．汉韩句子功能类型对比研究．华中师范大学研究生学报．2010 年第 2 期，61～63 页．

5. 日本：日语是音高重音语言，在一个词中存在高低调的区别，这使得日本学习者汉字字调的发音有很多不同于其他母语是无声调语言的汉语学习者的地方。阴平掌握较差；阳平调型不稳定，有时出现平调或降调；上声多呈先降后升的曲折调特征，语流中低平调特征不明显；去声基本掌握。

在陈述句方面，根本晃、石锋（2010）①考察了4位日本发音人的陈述句语料，对日语声调核对韵律表层所起到的作用进行了分析，日语陈述句语句调域的数据见下表：

表 6.5 日语陈述句语句调域

半音St	男性		女性		平均
日语	14.1	12.2	9.7	14.4	12.6
	7.5～21.7	6.8～19.0	15.6～25.3	12.2～26.6	

可见日语陈述句语句调域整体小于汉语陈述句语句调域，正是由于母语语句调域的影响，使得日本学习者汉语陈述句语句调域也整体小于汉语母语者。

在疑问句方面，日本学习者较母语者的语气平淡，整体起伏度较小，句末调域的最大化扩展幅度远远小于汉语母语者。这可能是因为，日语中常使用疑问词来表达疑问语气，而较少使用疑问语调表示疑问语气。

二、第二语言水平的限制和习得顺序的影响

沈家煊（2017）②曾在《繁花》语言札记的附篇《汉语的韵律和节奏》中说"字调显抑扬"。他说，汉语一个音节就是一个节奏单位，连续话语的节奏呈高度的单音调，但"单音调"并不"单调"，音节本身的平仄变化已经起到抑扬起伏的作用。而汉语单音调并不单调的另一个原因就是音节与音节结合的松紧变化具有"高度的伸缩性"，而"节奏变，内容变"，每个字都是音和义的结合体，字与字组合的松紧变化、平仄变化必然反映语法、语义、风格上的松紧变化，真实汉语中几乎不存在跟表情达意无关的纯韵律。可见，汉语语调问题极其复杂，母语者依靠语感表情达意，汉语学习者在掌握理解单字调的基础上，还要懂得理解句子语调的基本内容，掌握理解句子语调的基本方法。温宝莹（2018）考察韩国学习者汉语普通话疑问句语调的韵律特征，实验被试是学习汉语6~12个月的韩国留学生，在汉语基本知识的掌握方面仍有很大不足，受到自身二语水平的限制，虽然已经实现熟悉语料，但在朗读实验语调时很难准确快速理解句子整体语义，更无法快速理解句子所表达的语调语气问题，难以通过字词组合松紧反映语义的变化，因此在输出时，产生句末语气、焦点重音不突出等问题。

---

① 根本晃、石锋. 日语声调核在陈述句语调中的表现. 南开语言学刊. 2010年第9期.
② 沈家煊.《繁花》语言札记—附篇：汉语的韵律和节奏. 2017. 南昌：二十一世纪出版社集团，69-70页.

张静（2018）考察了初、中、高三个级别泰国学习者汉语陈述句的发展过程，发现泰国学习者汉语陈述句语调的习得具有一定顺序。在音高方面，句调域上线最先习得，句调域下线和语句总调域最后习得；在停延率方面：韵律词停延率分布比重、韵律边界后音节停延最先习得，全句最大延长位置最后习得。可见，汉语学习者学习汉语语调受到自身汉语水平的限制，同时也受到习得顺序的影响。

三、语音"石化"现象

前文提到过，"中介语"指的是第二语言学习者特有的一种目的语系统。第二语言学习者在学习过程中所掌握和使用的目的语是一种特定的语言系统，这种语言系统在语音、词汇、语法、文化和交际等方面既不同于自己的第一语言，也不同于目的语，而是一种随着学习的进展向目的语的正确形式靠拢的动态语言系统。语言的石化现象，是中介语理论的一个重要组成部分。石化（fossilization）是指95%的二语学习者的目标语言学习达到一定阶段之后，中介语的某些特征，如语音、语法、语义等就会处于停滞状态，年龄的增长和学习量的变化都不能改变这种固定状态，"石化"使得第二语言学习者不能达到第一语言学习者的语言水平（Selinker，1972）[①]。Selinker认为，石化是学习者一种持久的学习水平的停滞，具有长期性，而"石化"一旦产生，如果没有积极有效的措施应对，就会使学习者的这一停滞状态固化下来。

语言的固化现象在语音方面表现得尤为明显，我们发现很多被试学生学习汉语的时间是五年以上，汉语已经达到高级水平，但是仍然无法摆脱"洋腔洋调"的困扰，这就是因为其汉语语调的学习已经进入"石化"阶段，对他们学习汉语造成极大的障碍。

四、教师教学策略的影响

汉语声调的教学无论是在教材的编写还是在教案的设计上都已经比较完备，虽然各方对声调的调值和教法还各执一词，但基本上每本汉语教材、每位汉语教师都将汉语声调教学放在一个很重要的位置上，对于汉语声调教学都有自己的一套体系。但是提到汉语语调教学，大家还是感到比较抽象，很多汉语教材和汉语教师都回避这个问题。

另外，虽然汉语声调教学已经受到教师的重视，但是语流中的字调教学还是有所欠缺。例如，上声在语流中并不会发成饱满的"214"，只是一个低平调"21"或"22"，去声也并不总是完整的去声，前字是去声时，去声只发成"半去"……这些在连读中才会出现的调值，是语调教学的基础，但是大多数教师只是止步于"上上连读，前上变阳平"

[①] Selinker L. Interlanguage. IRAL-International Review of Applied Linguistics in Language Teaching, 1982, 10(1-4): 209-232.

等变调规则，并没有将上文提到的这些在语流中受到边界调等多种因素影响才会出现的变调现象教给学生。很多教师或是因为怕学生出现畏难情绪，或是自身水平受限，他们并不会将这些语流中的变调教给学生。

第二节 教学对策

汉语语调是建立在汉语声调基础上的，其表现又跟句法和语义等层面密不可分，受到音高、时长等多种因素影响，很多汉语学习者即使能很好地掌握单字调，但是在连读语句中就立刻显露出"洋腔洋调"，这主要是因为留学生们没有很好地掌握汉语语调。前文提出，造成汉语学习者汉语语调偏误的主要原因包括四方面：一是，学习者汉语语调受到其母语的影响；二是，受到其汉语水平和语调习得顺序的影响；三是，由于主客观因素的影响，学习者进入"石化"阶段；四是，学习者受到汉语教师教学策略的影响。

由于汉语语调自身的特殊性和以上造成汉语学习者汉语语调偏误的多方面原因，本节将针对各国汉语学习者语调的偏误和特点，提出一些教学对策。

第一，充分利用母语的正迁移作用，尽力避免母语的负迁移作用，针对不同国别的留学生的语调偏误和特点，做差异化、具体化的讲解和操练。

在陈述句方面，针对母语为有声调语言和无声调语言的学习者汉语陈述句语句调域的不同偏误特点，就可以采用不同的训练方法。母语为无声调语言的学习者（例如美国、日本、韩国）汉语陈述句语句调域偏窄，所以我们可以夸大一下语调的幅度，加强他们对汉语语调的认识和敏感度；而越南学习者汉语陈述句语句调域偏宽，我们可以告诉他们汉语语调的起伏度没有那么大，上声在语流中并不会发成饱满的"214"，只是一个低平调"21"或"22"，去声也并不总是完整的去声，前字是去声时，去声只发成"半去"；泰语虽然为有声调语言，但泰语的5个声调整体调域偏窄，因此泰国学习者的汉语语调调域整体比母语者略窄，呈现出不同于越南学习者和其他母语为无声调语言（美国、日本、韩国）学习者的特点，教师可以具体情况具体分析。

在疑问句方面，针对日本、韩国学习者汉语疑问句句末字音调域没有最大化扩展，有用字调的上声代替语调扩展的情况，教师可以做针对性的操练。日本、韩国学习者汉语疑问句句末字音调域没有最大化扩展或用字调的上声代替语调扩展的主要原因，是其母语中的疑问句绝大多数靠句末的疑问语气助词表达，因此学习者对于"张中斌星期天修收音机？"这种无标记无语气助词的疑问句不甚理解。相同的情况也出现于部分越南学习者身上，部分越南学习者通过改变句末后字调型（全部读成升调）的方法来营造所谓的疑问语气。笔者在对越南学习者汉语疑问句语料进行录音时，也录制了发音人朗读带语气词"吗"的疑问句的录音材料，明显可以听出，发音人在朗读带语气词"吗"的疑问句时，没有出现将语句末字全部读成升调的现象，听感上比较自然。这说明，对大多数学习者而言，相对于有疑问词的疑问句，无标记疑问句更难习得。学生因为不能很好地掌握汉语无标记疑问句，所以他们在课堂发言和平时与老师同学的交流中，都会采取回避策略，使用带语气词的疑问句代替这种对他们来说较难的无标记疑问句。所以教师在课堂教学中和日常交流中要适当多使用这种无标记的疑问句，让学生熟悉汉语无标记疑问句的语调特点。另外，教师在课堂上应该创造机会，让学生进行有语气词的疑问句和无标记疑问句的转换练习，可以采取教师提问的形式，也可以采取让学生互问互答的形式，引导学生使用无标记疑问句。

第二，尊重第二语言的习得顺序，在进行对外汉语教学的过程中，按照字调－变调－重音－停顿－句调的顺序进行教学。在字调教学方面，汉语单字调的教学虽已受到教师的足够重视，但是针对性还不够，教师可以借助汉语的五度标声调图定调，对于母语为有声调语言的学习者，要注意提醒学生汉语声调与其母语调值的不同；对于母语为无声调语言的学习者，要注意提醒学生汉语字调与语调的不同，词重音与声调的不同。在变调教学方面，教师不要有畏难情绪，要根据学生的汉语水平来进行教学，从模仿记忆，到反复操练，最后到学生对变调形成正确的"肌肉记忆"。在重视音高对语调影响的同时，也要重视时长等对语调产生影响的因素。虽然学习者对汉语语句时长的习得总体好于音高上的习得，但还是存在着"夸张动词"和"虎头蛇尾"等现象。所以教师在课堂操练的时候要注意，不要过分强调动词，说一句话的时候不能"虎头蛇尾"，因为语句末字在语调中起到很重要的作用。汉语陈述句语调在时长上的表现，可以不用编入教材，教师在课堂上也可以不用强调，但是教师自己一定要认识到，时长对语调的重要性，针对越南留学生汉语陈述句时长偏误的特点，在课堂操练和平时交流的过程中尽量不要"夸张动词"和"虎头蛇尾"。在句调教学方面，教师除了采用模仿、朗读等操练办法，还可以加入听辨练习，以增强操练的趣味性。

第三，针对越南留学生汉语语调"石化"的现象，在汉语教学中，要加大对语调教学的重视，将汉语语调教学贯穿于对外汉语教学的始终。语调的概念与表现也许对到了高级阶段的留学生来说也未必能完全理解，但是语调的意识却要从留学生们刚开始接触汉语时就灌输给他们。他们可以不理解汉语语调的具体概念与定义，但是汉语语调的教学却应贯穿于汉语教学的各个阶段，潜移默化地让留学生熟悉并掌握汉语语调。语调教学是不能一蹴而就的，应该从初级阶段开始渗透，贯穿于对外汉语语音教学的始终。在课时安排上,可以增加语调训练课的课时,或将语调训练穿插到日常课堂教学中。其实大多数汉语教师在设计教案的时候,会安排课文操练的环节,其中也有朗读课文的训练,朗读课文是一种很好的培养语感的方法,让学生们在朗读中体会汉语语调的抑扬顿挫。但是在实际教学中,词汇的操练和语言点的操练往往会占据课堂的大部分时间,也是汉语教师最为重视的环节。所以在课文操练环节,教师们通常会"牺牲"集体朗读课文的时间,以换取更多的词汇和语言点操练的时间。

第四,重视语调教学,加大语调教学的力度,还要从教材的编写和课堂训练的设计入手。汉语声调的教学无论是在教材的编写还是在教案的设计上都已经比较完备,虽然各方对声调的调值和教法还各执一词,但基本上每本汉语教材、每位汉语教师都将汉语声调教学放在一个很重要的位置上,对于汉语声调教学都有自己的一套体系。但是提到汉语语调教学,大家还是感到比较抽象,很多汉语教材和汉语教师都回避这个问题。但汉语语调又是造成留学生"洋腔洋调"现象的重要原因之一,所以应该从教材的编写和课堂训练的设计入手,规范和强化汉语语调教学。例如,针对母语为有声调语言和无声调语言的留学生汉语陈述句语句调域的不同偏误特点,可以采用不同的训练方法。母语为无声调语言的留学生(例如美国、日本、韩国)汉语陈述句语句调域偏窄,所以我们可以夸大一下语调的幅度,加强他们对汉语语调的认识和敏感度;而越南、泰国等母语为有声调语言的留学生,他们汉语陈述句语句调域偏宽,我们可以告诉他们汉语语调的起伏度没有那么大,上声在语流中并不会发成饱满的"214",只是一个低平调"21"或"22",去声也并不总是完整的去声,前字是去声时,去声只发成"半去"……这些在连读中才会出现的调值,是语调教学的基础,但是大多数教材只是提到"上上连读,前上变阳平"等变调规则,并没有将上文提到的这些在语流中受到边界调等多种因素影响才会出现的变调现象教给学生。很多教师或是因为怕学生出现畏难情绪,或是自身水平受限,他们并不会将这些语流中的变调教给学生。所以今后在对外汉语教学中,汉语教师应该少教单字调,多教连读调。

第三节 不足与展望

由于时间和精力所限,越南学习者汉语语调的语料采用 6 位发音人的录音材料,发音人数量较少,没有做大样本的统计和分析,个案分析虽然能体现发音人的个体特征,在一定程度上也反映了语言的共性特征,但我们不能排除发音人有特殊情况的可能。

另外美国、韩国、日本和泰国学习者汉语语调的数据参考了师兄师姐和同门的研究数据。虽然都是基于语调格局的研究思路，采用起伏度、停延率等量化手段，但因为实验句不完全相同，发音人的汉语水平存在差异等原因，有些实验数据在做对比分析时没能做到完全对应。

最后，对于学习者母语的语调特点的分析，学习者母语语调与汉语语调的对比，数据采用前人文章中的数据，虽然也能反映学习者母语语调的情况，但由于前人研究在实验材料的选取和实验设计上，都和本次实验存在差异，所以学习者母语语调对其学习汉语语调的影响还有待进一步研究。